# DAVID D'ANGERS

ET LA

## CATASTROPHE DU PONT DE LA BASSE-CHAINE

(16 avril 1850)

EXTRAIT DE LA REVUE DE L'ANJOU

HENRY JOUIN

# DAVID D'ANGERS

ET LA

## CATASTROPHE DU PONT DE LA BASSE-CHAINE

### (16 avril 1850)



*Avec trois planches hors texte*

ANGERS

GERMAIN & G. GRASSIN, IMPRIMEURS LIBRAIRES
40, rue du Cornet et rue Saint-Laud

1903

EXTRAIT DE LA *REVUE DE L'ANJOU*

## Henry JOUIN

# DAVID D'ANGERS

### ET LA

## CATASTROPHE DU PONT DE LA BASSE-CHAINE

### ( 16 avril 1850 )



*Avec trois planches hors texte*

ANGERS

GERMAIN & G. GRASSIN, IMPRIMEURS-LIBRAIRES

40, rue du Cornet et rue Saint-Laud

1903

## CATASTROPHE DU PONT DE LA BASSE - CHAINE

16 AVRIL 1850

Th. Tardif, *delineavit* — Hilaire Guesnu, *sculpsit*

Cliché obtenu sur l'épreuve conservée par M. Clavreul, place du Ralliement, à Angers

# DAVID D'ANGERS

ET

## LA CATASTROPHE DU PONT DE LA BASSE-CHAINE

### (16 avril 1850)

———



## I. Le drame

Onze heures venaient de sonner à l'horloge de la cathédrale. La tempête faisait rage. Des nuages épais, chassés par un vent de sud-ouest, plongeaient la ville dans une sorte de crépuscule. La Maine, au flot noir, que soulevait la rafale, roulait des vagues menaçantes dont la crête léchait le tablier des ponts. Les barques de pêche ou de plaisance, retenues par leurs ancres, engagées dans le glacis des quais, étaient le jouet du courant. Les bateaux-lavoirs, attachés à la rive droite, subissaient de brusques soubresauts. Leurs chaînes d'amarre grinçaient et sem-

blaient prêtes à se rompre. Les colonnes-supports du pont
suspendu de la Basse-Chaîne oscillaient comme des mâts
de navire sous l'action d'une forte brise. Les câbles, munis
de leurs armatures, qui, partant des culées, se déroulaient
en passant au-dessus des pylônes et, décrivant leur courbe
élégante, venaient effleurer la main courante, à sa partie
médiane, faisaient entendre des sifflements aigus. On eût
dit des cordages, tant l'effort répété de l'ouragan triom-
phait de la rigidité du métal.

Et le pont était désert !

Une pluie torrentielle aveuglait les passants fuyant en
toute hâte vers leurs demeures. La silhouette gracieuse et
hardie du pont suspendu apparaissait confuse à travers la
trombe. Observé d'un point quelconque des quais, le pont,
devenu mobile, donnait l'illusion d'un vaisseau prêt à
sombrer et chassant sur ses ancres. Il semblait, dans le
trouble de la nature, que les pylônes détachés du sol
s'écartaient en sens contraire. L'atmosphère bouleversée
mettait en mouvement tout ce qui vibrait sous le fouet du
cyclone. Je ne sais quoi de terrifiant et de lugubre, pré-
sage d'un malheur, planait sur la cité.

Et le pont était désert !

Voici venir le 3$^e$ bataillon du 11$^e$ régiment d'infanterie
légère, à destination de l'Afrique. Il doit faire étape à
Angers. A l'entrée de la ville, le lieutenant-colonel
Simonet qui commande le bataillon, est prévenu par un
aide-de-camp du général d'Uzer que ses hommes seront
passés en revue sur la place de l'Académie. Le colonel
Thomas est à Saumur avec le 2$^e$ bataillon de son régiment,
que passe en revue, ce même jour, le général de Castellane. Le lieutenant-colonel est donc le chef des troupes
qui vont traverser Angers. L'aide-de-camp du général
d'Uzer lui fait connaître qu'il doit « prendre les mesures
nécessaires pour éviter que son entrée en ville ne donne
lieu à des désordres ». Cette prescription laisse deviner

un état d'esprit de la part de la population angevine dont il y avait lieu de tenir compte. Le peuple, la classe ouvrière surtout, se plaisaient aux rassemblements et aux manifestations bruyantes. Le souvenir des troubles de Paris, le 4 février 1850, à l'occasion de l'enlèvement des arbres de la Liberté, n'était pas effacé. D'autre part, le rôle du 11e régiment d'infanterie légère, en février 1848, au 15 mai suivant, au 13 juin 1849, où il avait puissamment aidé au rétablissement de l'ordre, était connu[1]. Le général d'Uzer avait donc quelques raisons d'inviter le lieutenant-colonel à ne pas laisser ses troupes en contact prolongé avec la population.

Or, le 3e bataillon, qui venait de faire halte dans le bois d'Avrillé, aux portes d'Angers, où les hommes avaient pris leur repas, était tenu, pour se rendre à la place de l'Académie, de traverser le quartier de la Doutre, centre manufacturier de la ville. Il devait arriver vers midi, c'est-à-dire au moment précis où les ouvriers sont sortis des ateliers. La logique commandait au lieutenant-colonel de prendre la voie la plus large, la moins fréquentée, et de franchir la Maine par le pont de la Basse-Chaîne. S'il eût pris le parti de gagner le pont du Centre, il eût dû suivre des rues étroites, tortueuses, et passer dans le voisinage d'importantes filatures.

Après l'épouvantable désastre du 16 avril 1850, on a souvent répété que le pont de la Basse-Chaîne n'était pas

---

[1] Victor Pierre, dans l'*Histoire de la République de 1848*, l'ouvrage le plus complet, peut-être, qui ait été écrit sur la période de 1848 à 1851, parle avec toute précision de la catastrophe d'Angers, et il rend hommage, en ces termes, au 11e léger : « L'un des premiers régiments rentrés à Paris après la Révolution, le 11e léger avait défendu l'Assemblée au 15 mai ; dans la bataille de Juin, il avait perdu cinquante-quatre hommes à la barricade du faubourg Saint-Martin ; c'était lui, le colonel Thomas à sa tête, qui avait enlevé la barricade de la barrière Fontainebleau, derrière laquelle venait de s'accomplir l'horrible assassinat du général de Bréa ; au 13 juin 1849, c'était encore lui qui avait emporté la barricade du Conservatoire des Arts-et-Métiers. » (*Histoire de la République de 1848.* Paris, Plon et Cie, 1878, 2 vol. in-8°, t. II, p. 359.)

de nature à permettre le passage de troupes et que, mieux instruit du peu de solidité de ce pont, le lieutenant-colonel se fût certainement abstenu de le franchir.

Ce raisonnement n'a rien de fondé.

Le pont de la Basse-Chaîne était, au contraire, fréquemment traversé par la garnison, casernée sur la rive gauche, soit qu'elle se rendît au tir, à la promenade, ou à la caserne de Saint-Nicolas. Ce qui autorisait pleinement le passage du 3e bataillon du 11e léger, le 16 avril, c'est que le 1er bataillon du même régiment avait franchi le pont le 9 avril, à son départ d'Angers, et le 2e bataillon, le 13 avril, à son arrivée dans la ville. Où les deux premiers bataillons avaient passé sans le moindre péril, le troisième pouvait, ce semble, s'engager, à quelques jours de date, en toute sécurité. Il y a plus, le matin même du 16 avril, deux escadrons du 5e hussards avaient traversé le pont. Il est vrai que le premier escadron opéra son passage sur une file, et le second, sur deux files, ce qui ne dut faire supporter au tablier qu'un poids de 30,000 kil. Mais nous verrons plus loin que ce ne fut pas le poids des hommes qui détermina la rupture des câbles.

Au surplus, le lieutenant-colonel n'eut point à décider de son itinéraire, dès qu'il eut pénétré dans la ville. Des mesures d'ordre avaient été prises par la municipalité. Nous en avons la preuve dans la présence des inspecteurs de police qui se joignirent aux troupes pendant leur parcours sur le territoire de la cité. N'en doutons pas, ce furent ces fonctionnaires qui indiquèrent au lieutenant-colonel la direction qu'il devait prendre.

Un ingénieur civil, M. Th. Tardif-Desvaux, dans un Rapport technique, publié en 1852, sur la catastrophe, ouvrage rempli de documents et auquel nous empruntons la plupart des détails que l'on trouvera dans notre étude, a donné la disposition des troupes à leur entrée dans le faubourg.

« Le bataillon, écrit-il, fut formé en colonne serrée, par sections.

« En tête, marchaient une demi-section de voltigeurs, comme avant-garde, commandée par un lieutenant ; puis, les sapeurs, les tambours, la musique, le lieutenant-colonel et le petit état-major ; deux cantinières précédaient le lieutenant-colonel. A sa gauche, en tête de la colonne, marchait le plus ancien capitaine, qui remplissait les fonctions de chef de bataillon.

« Venaient ensuite la compagnie des carabiniers, les quatre compagnies de chasseurs, enfin la compagnie de voltigeurs formant l'arrière-garde.

« Depuis la demi-section de voltigeurs, placée à la tête de cette colonne, jusqu'à la hauteur des carabiniers, deux files composées de voltigeurs et de carabiniers flanquaient les sapeurs, les tambours, la musique et l'état-major, afin d'empêcher les étrangers de s'introduire entre les intervalles des sections.

« Des inspecteurs de police précédaient et accompagnaient le bataillon ; l'un d'eux se tenait derrière M. le lieutenant-colonel, c'était M. Camus[1] ».

Quand les troupes approchèrent du pont, l'ordre que nous venons d'indiquer fut modifié. La colonne se forma par demi-sections, le lieutenant-colonel fit rompre le pas et le bataillon s'engagea sur le tablier.

La tourmente soufflait avec fureur. Les soldats marchaient, tête baissée, sous la rafale. Mais les oscillations transversales du pont, déjà sensibles lorsqu'il était vide, s'accentuèrent à mesure qu'une masse ininterrompue de piétons offrit plus de prise à la tempête déchaînée. Les troupes eurent quelque peine à conserver leur équi-

[1] *Le 16 avril 1850, ou Relation de la catastrophe du pont de la Basse-Chaîne, et Recherches sur les Causes et Circonstances qui ont amené sa Chute* (Angers, Lecerf, 1852, gr. in-8° avec pl.) page 16.

libre. Il leur fallut obéir au mouvement de droite à gauche que le vent imprimait au pont. Les survivants de la catastrophe ont déclaré qu'ils titubaient, comme s'ils eussent été ivres, en raison de l'instabilité du plancher sur lequel ils essayaient d'avancer. Une sorte de cadence involontaire s'établit dans le pas de ces malheureux, et le poids mouvant de cinq cents hommes, obéissant avec régularité au va et vient du tablier, quadrupla l'effort du cyclone en le secondant. Déjà, cependant, « la demi-section de voltigeurs, les sapeurs, les tambours, un rang de musiciens » avaient atteint la rive gauche, quand les câbles de retenue de la rive droite se rompirent « avec un bruit de feu de peloton mal exécuté[1] ». Le tablier s'effondra, mais, soutenu par les câbles et supports de la rive opposée, il présenta l'aspect d'un plan incliné sur lequel des grappes humaines se sentirent précipitées dans l'abîme. Tous les hommes avaient été projetés en arrière, et les soldats portaient la baïonnette au canon ! Constatation douloureuse ! Les troupes engagées sur le tablier ne constituèrent pas la totalité des victimes. La 4ᵉ compagnie, presque entière, se trouvait encore sur la chaussée. Mais les hommes étaient en marche. Les sifflements de la rafale empêchent que les ordres donnés dans le tumulte soient compris, et les rangs les plus proches du pont sont culbutés dans le vide par les rangs qui les suivent. Au même instant, les colonnes oscillantes en fonte, entraînées par les câbles suspenseurs, se détachent de leur base et plongent dans l'abîme, écrasant sous leur poids des groupes de soldats. Ainsi, avant de périr dans la Maine, la plupart des hommes furent cruellement atteints, dans la direction de la rive gauche, par les baïonnettes, et, au pied des culées de droite, par la chute des pylônes. Par surcroît de mauvaise fortune, il y avait moins d'une heure que les troupes, nous

---

[1] Rapport de la Commission locale.

l'avons dit, avaient pris leur repas. Beaucoup d'hommes furent asphixiés en tombant à l'eau. Cependant, la partie du pont détachée de la rive droite ne fut pas immédiatement immergée. Elle forma radeau à son extrémité, et un certain nombre d'infortunés se cramponnèrent aux aspérités de cette épave, en attendant qu'on leur portât secours. Mais les blessures, le désordre, l'effroi, la tempête firent lâcher prise au plus grand nombre, qui disparurent sous les flots [1].

[1] On a donné de la rupture des câbles et de l'écroulement du pont des explications démenties par les faits. Il est inexact que le lieutenant-colonel ait omis de faire rompre le pas ; il est inexact que les câbles aient été oxydés à un degré qui compromettait leur force de résistance. La cause principale de la catastrophe doit être cherchée dans la violence du cyclone qui balayait la Maine et faisait trembler le pont suspendu. Construit par Chaley et Bordillon jeune, ingénieurs civils, en 1838, le pont de la Basse-Chaîne mesurait 102 mètres entre les culées, sur une largeur de 7$^m$20. Les colonnes-supports atteignaient 10$^m$85 de hauteur. D'importantes réparations, faites en 1849 sous le contrôle des ingénieurs des ponts et chaussées, avaient nécessité une dépense de 30.000 fr. Malgré cette réparation, certains câbles de retenue portaient, au lendemain du désastre, des traces d'oxydation, mais les calculs des ingénieurs établirent que l'oxydation, très superficielle, permettait encore de charger le pont d'un poids de 598.000 kil. avant qu'il y eût péril de rupture. Or, avec les 483 soldats engagés sur le tablier, il ne pesait que 195.000 kil. La pression de l'ouragan sur les troupes, offrant une surface de 1$^m$75 en hauteur (taille moyenne du soldat avec le schako) et de 100 mètres de long, a porté le poids total de la charge à 322.000 kil. Nous sommes loin encore, avec ce chiffre, des 598 000 kil. de résistance. Pour épuiser cette réserve, il fallait une surcharge de 276.000 kil. Cette surcharge fut atteinte et dépassée par l'oscillation transversale du pont, oscillation provoquée par l'ouragan soufflant du sud-ouest, et *centuplée* par le désordre involontaire qui s'introduisit dans les rangs. Les soldats, ayant peine à se tenir en équilibre sous l'effort de la rafale, « titubaient » de droite à gauche « comme des hommes ivres », et leur pas cadencé, dans le sens transversal, secondait ainsi les oscillations qui triomphèrent des câbles. La force de ceux-ci n'a sa valeur réelle que dans le sens de leur projection normale. Si des causes accidentelles font dévier le poids prévu, la résistance est atteinte dans des proportions qu'aucun calcul ne peut prévenir. Un poids mort, posé sur le tablier de la Basse-Chaîne, aurait pu atteindre 600.000 kil. Un poids mouvant, saccadé, se prêtant aux oscillations, et les scandant par secousses, ce poids ne dépassât-il pas 320.000 kil., devait amener l'effondrement. C'est au rapport technique de Tardif, déposé le 2 mai 1850, que nous empruntons les chiffres qui précèdent. Le raisonnement de l'ingénieur sur les perturbations qui découlent des oscillations transversales n'est point une nouveauté. Deux accidents, survenus en 1831, avaient fourni la preuve scientifique de cette démonstration. Le pont de Brougton, sur la rivière d'Iwrel (Angle-

La Maine vit se débattre dans les affres de la mort 483 soldats.

Le sauvetage commença. Dans quel ordre? dans quelles conditions? nul ne peut le dire. En quelques secondes, vingt barques montées par les plus intrépides, expérimentés ou non, se dirigèrent vers les naufragés. Ouvriers, négociants, industriels, mariniers, médecins, ecclésiastiques, religieuses, tous les témoins de ce drame épouvantable rivalisèrent d'audace, de dévouement, d'habileté pour arracher à la mort les soldats du 11e léger. Les officiers du bataillon, les hommes ramenés sur la rive se précipitaient à nouveau, dans des embarcations ou à la nage, au secours de leurs frères d'armes. Les soldats de la garnison étaient accourus des premiers et leur conduite fut héroïque. Plus d'une barque trop chargée ne put aborder; le fleuve reprit sa proie. Ce spectacle terrifiant est indescriptible[1].

terre), et le pont du Lez, près de Montpellier (Hérault), se rompirent au passage d'un détachement d'artillerie et d'une compagnie de sapeurs du génie qui, involontairement, par la cadence de leur pas, avaient accentué les oscillations transversales. A Brougton comme à Montpellier, on n'eut pas de morts à déplorer. Il en fut autrement, hélas! le 16 avril 1850, à Angers.

[1] Tardif a fait un livre sur la catastrophe. Je n'écris qu'un chapitre. Il fut au nombre des sauveteurs. Je n'ai vu le lieu du désastre que le lendemain. Les noms propres abondent sous sa plume. La rapidité de mon récit ne m'a permis aucune digression. Je crois de mon devoir, cependant, de faire au livre de Tardif de notables emprunts. En effet, les tragiques épisodes relevés par cet acteur du drame ont tous leur éloquence. Les noms qu'il cite doivent être conservés. Si les hommes de cœur qui les ont portés sont aujourd'hui disparus, des fils leur survivent, et la population angevine a le droit de retrouver, ici, le haut témoignage de l'audace, de l'intrépidité, du dévouement sans limites dont la génération précédente a fait preuve en ce jour néfaste du 16 avril 1850, et aussi des soins prodigués aux blessés jusqu'au 18 mai, date du départ du bataillon réorganisé. Je laisse parler Tardif : « Une barque dans laquelle s'étaient lancés courageusement des ouvriers étrangers à la navigation, dépourvus même des agrès nécessaires pour se diriger, alla sombrer au milieu de la rivière, en aval du pré des Carmes. Les hommes qui la montaient furent sauvés par les sieurs Sauleau, marinier. et Rousseau, charpentier en bateaux. Une autre, montée par deux individus qui tenaient chacun un militaire, et ne pouvaient l'embarquer, allait infailliblement couler, quand elle fut secourue par le nommé Chartier, marinier à la Basse-

Onze heures et demie sonnèrent au bourdon de la cathédrale.

En un instant, la nouvelle du drame se répandit dans tous les quartiers, et la population haletante fut debout. Les sauveteurs poursuivaient leur œuvre, pendant que les

Chaîne, qui, avec l'aide d'une autre personne, fut assez heureux pour sauver les deux militaires et remettre la barque à flot. Une autre, montée par le nommé Vincent René, marinier, était déjà à moitié remplie d'eau, quand un bateau vint au secours des personnes qu'elle portait. Une autre, dans laquelle se trouvaient deux jeunes gens qui n'avaient pas la force de la conduire, aurait sombré sans le secours du nommé Leboucher François, peintre à Angers, qui en prit la conduite. Une autre aurait été engloutie sans le secours des sieurs Meslet, Bourigault et Bureau fils, mariniers, qui prirent à leur bord l'un des hommes qui la montaient et aidèrent le second à remettre à flot son embarcation. Une autre, chargée de planches, et dans laquelle les sieurs Defaix, Esnault, mariniers, et Salmon, tailleur, avaient pu attirer plusieurs militaires, allait sombrer au milieu de la rivière, quand, de toutes parts, on est venu à son secours. Une frêle embarcation, montée par les sieurs Hubert Louis et Enosse Marcel, a sombré. Ces mariniers se sont sauvés à la nage. Une embarcation, l'une des premières amenées sur le lieu du sinistre, a été, au milieu de la rivière, un peu en aval du pont, engloutie avec une douzaine de militaires qui s'étaient accrochés à l'un de ses bords, mais malheureusement tous du même côté... Citons au rang des personnes qui se sont fait remarquer : M. Riby, fondeur, qui, monté sur une frêle embarcation, avec les sieurs Pontonnier, mouleur, Lizé, contre-maître fondeur, ses ouvriers, fut assez heureux pour retirer plusieurs militaires, dont l'un, qui avait la tête fendue, fut couvert de sa blouse, puis le nommé Carette, sergent-major des carabiniers, le frère de l'infortuné porte-drapeau. Après avoir couvert ce dernier de son pardessus de laine, M. Riby courut aider ceux qui transportaient les blessés dans l'Abattoir, où on avait établi, préablement, une ambulance. M. Faisan, chapelier, qui, arrivé trop tard pour sauver des soldats encore vivants, n'en a pas moins fait les plus louables efforts et lutté contre les vagues jusqu'au tablier du pont, monté sur un bateau, avec le nommé Lefebvre, limonadier. M. Sautreau, négociant, qui, monté sur une barque, s'est lancé seul sur les vagues, mais fut repoussé, par la tempête, contre les grands bateaux qui bordaient le quai Ligny. Là, il reçut à son bord trois blessés, ainsi que les sieurs Lamothe, facteur aux diligences, Allain, maître-nageur, et Esnault, menuisier, avec le secours desquels il put aborder à la rampe du pont de pierre. Deux des blessés furent déposés sur l'un des brancards de l'Hospice et le troisième fut porté à l'Ancre-d'Or, chez M. Bouzillé. Enfin, M. l'abbé Maussion, qui, monté sur une petite barque, au milieu des vagues en fureur, les bras nus (il avait étendu son vêtement sur un blessé), bénissait le pêle-mêle des morts et des mourants. Fonctions sublimes qui ne l'ont pas empêché de retirer de l'eau les malheureux soldats qu'il a pu saisir! » (Pages 19, 20, 23, 24.) Notre auteur a compulsé les « Notes individuelles, prises au procès-verbal d'enquête et adressées au ministre de l'Intérieur à l'appui des propositions de récompenses habitants entouraient de leurs soins les malheureux qui respiraient encore. Combien d'épisodes touchants nous pourrions rappeler. Ici, c'est un soldat évanoui qui reprend ses sens et demande si son colonel est sauvé! Là, c'est le maître nageur du 11<sup>me</sup> léger, qui, par trois fois, a plongé dans la Maine et a ramené vivants trois hommes du bataillon, mais, épuisé par l'effort, secoué par l'émotion, il tombe, frappé de mort auprès de ceux qui lui devront la vie[1]

faites par le Maire d'Angers ». Nous y relevons les noms suivants : Sauleau (Sébastien), Crétin, dit Boilcau, Chartier (Louis), Demon (Paul), Vincent (René), Meslet, Bourigault (Maurice), Bureau fils, Héry, dit Mignon, Bouvet (Julien), Defaix (Jean), Gauvin (Jacques), Saget, mariniers à Angers; Foucher (Charles), Vinçonneau (Jean), mariniers aux Rosiers ; Hervé-Grangeot, marinier à Brain ; Jubeau (Pierre), Potier (Michel), mariniers à Durtal ; Godivier (Paul), marinier à Villevêque; Vincent (René), Delaunai (Simon), mariniers à Ingrandes ; Plumejeau frères, mariniers à Montjean ; Réthoré (Pierre), Meslet (Jean), mariniers à Denée; Livache (Joseph), Doreau (Laurent), mariniers à Ecouflant; Mortier (René), marchand de déchirures; Delaître (Joseph), peintre; Petit (Félix), tisserand; Tricot (Pierre), charpentier; Leneuf (Jacques), filassier; Rousseau (Jean), charpentier ; Salmon, tailleur; Végé (Joseph), maréchal-ferrant ; Judel (Isidore-François), peintre; Leboucher (François), peintre; Hervé (Ferdinand), Blu (René), cordonniers; Duveau (Simon), filassier; Doguereau (Joseph), aubergiste; Marin (Michel), filassier; femme Boisard, fermière de lavoir public; Hubert (Louis); Enosse (Marcel), tonnelier; Delarue (Jean), fondeur; Brienski, directeur des bateaux à vapeur; Levers, mousse; Charbonnier (Jean), tailleur; Gougeon (Jean), porteur de farines; Turgis (Victor), chapelier; Esnault (Michel), tailleur; Lebel (Alexis), menuisier; Jeanny Charrée, cantinière du troisième bataillon (p. 38 à 49). Tous se sont signalés par des actes de courage dont la relation ne peut trouver place ici. Dans la première heure d'affolement, le bruit se répandit que nombre de femmes, d'enfants et de curieux, engagés sur le pont en même temps que la troupe, auraient péri dans la Maine. Le fait n'est pas exact. « Quatre personnes seulement, écrit Tardif, appartenant à la population civile, sont tombées avec le bataillon : deux inspecteurs de police et deux employés de l'octroi. Les deux premiers ont été retirés vivants, mais l'un d'eux, M. Doineau, grièvement blessé, a succombé; les deux autres ont été noyés » (p. 30).

[1] « Ici, lisons-nous dans la *Relation* de Tardif, sous les yeux d'un groupe de personnes accourues pour le secourir, un soldat, frappé de vertige, à peine retiré des flots, chante comme un être égaré. Là, d'autres soldats se jettent à genoux, remercient Dieu de les avoir sauvés sains et saufs, puis se précipitent pour voler au secours de leurs camarades. Ici, un officier sans schako, sans tunique, l'air hagard, parcourt le quai en désespéré, criant la 3<sup>me</sup> ! la 3<sup>me</sup> !... malheureuse compagnie dont il est resté si peu d'hommes !... Çà et là,

Des ambulances sont improvisées. Chaque foyer reçoit
des victimes. Les plus pauvres, parmi les riverains de la
Maine, se montrent les plus empressés et les plus prodigues.
Le cœur n'a rien à voir avec la fortune ou le rang[1].

des médecins, des élèves, des pharmaciens, prodiguent les premiers
soins aux malheureux que l'on apporte de toutes parts. De la laine !
de la laine ! pour frotter un asphixié, s'écrie l'un d'eux, et, à l'instant même, une brave et digne femme détache sa jupe et la lui
remet aussitôt. Çà et là aussi, des ministres de la religion, parmi lesquels nous avons vu M. Vincent, curé de Saint-Jacques, M. l'aumô-
nier du Bon-Pasteur, M. le curé de la Trinité, M. le curé de Saint-
Serge, M. Chauveau, vicaire à Champtoceaux, l'un des premiers arrivés sur le lieu du sinistre, M. Subileau, M. Picherit, et plusieurs
autres, dont les noms ne nous sont pas connus, s'empressent d'ad-
ministrer les moribonds » (p. 26-27). N'oublions pas la Sœur Cécile,
des Religieuses de Saint-Vincent de Paul, qui, à moitié immergée au
cours du sauvetage, conserva ses vêtements ruisselants durant
trente-six heures, trop occupée à panser les blessés, soit à l'hospice
soit dans les habitations particulières où ils ont été recueillis, pour
songer à elle-même (p. 24).

[1] « Des ambulances sont établies provisoirement dans l'Abattoir, au
bas du boulevard du Château, chez le sieur Doguereau, sur le quai
du Roi-de-Pologne, chez la femme Boileau, sur le quai Ligny, chez
le sieur Métro. Il n'est pas une maison, notamment dans ce dernier
quartier, peuplé, comme on sait, principalement de mariniers,
d'écaillères, tous peu riches et le plus grand nombre dans un état
voisin de la misère, qui n'ait offert aux malheureux soldats du
11e léger, une hospitalité empressée. Les plus pauvres n'ont pas été
les moins charitables. On a cité une veuve qui a brûlé son unique
fagot pour réchauffer un soldat. Dans l'une de ces maisons, la femme
Petit, qui avait fait monter dans la mansarde qu'elle habite, deux
soldats transis de froid, les fait coucher dans son unique lit, dont
elle ne garda que la paillasse, qu'elle étendit sur le carreau humide ;
elle sécha leurs vêtements et, trouvant le pain de munition trop
grossier pour des malades affaiblis par une immersion prolongée,
elle partagea avec eux le pain qu'elle reçoit de la charité publique.
Quand ses chétives provisions furent épuisées, ce qui ne pouvait
tarder, cette digne femme alla trouver ses voisins, gens pauvres
comme elle, organisa une collecte de vivres et de bois et parvint
ainsi, à force de privations, de dévouement et de sacrifices, à donner
à ses deux hôtes tous les soins que réclamait leur état de souffrance,
jusqu'au moment où, complètement remis, ils purent regagner leur
casernement. Dans une autre maison, chez le nommé Antoine
Métro, restaurateur, quai Ligny, cinq militaires, que cet honorable
citoyen était parvenu à ramener dans une embarcation et à faire
porter chez lui, avec le secours de quelques mariniers et d'hommes
du port, furent déposés sur ses lits, où un médecin, deux ecclésiastiques, aidés des gens de la maison, s'empressèrent de leur prodi-
guer des soins. Mais, malgré ses soins, le sieur Métro eut la douleur
d'en voir mourir trois, que la charrette d'un voisin vint lui enlever.
Les deux prêtres récitaient près des corps les prières des agoni-
sants, pendant que le médecin frictionnait un soldat inanimé qu'i
eut le bonheur de voir respirer et qu'il sauva. » (TARDIF, p. 27-28.)

Le soir du 16 avril, 222 hommes manquèrent à l'appel, mais on avait sauvé 261 naufragés.

« Le 17, les autorités civiles et militaires, écrit Tardif, dirigèrent, dès la première heure, la recherche des cadavres. A chaque instant, les barques qui croisaient la rivière venaient déposer dans un bateau leur funèbre cargaison et la plupart des corps retirés portaient d'affreuses blessures : des médecins ont constaté que sur vingt cadavres un seul était intact. On a ramené du fond de l'eau un malheureux soldat traversé de part en part, et le fusil qui l'avait atteint était demeuré fixé dans la plaie. Les baïonnettes étaient faussées et des canons de fusil ont été ployés en forme d'arcs[1]. »

Cent quatre-vingt-un cadavres avaient été retrouvés à la fin de cette journée.

Le lendemain eurent lieu les funérailles[2].

Vingt-sept chars portant cent quatre vingt-un cercueils s'acheminèrent, au milieu d'une population consternée, de l'Hôtel-Dieu vers la cathédrale.

Pendant le service funèbre, les cercueils demeurèrent sur les chars, rangés devant les portes ouvertes de l'église Saint-Maurice. Une vaste tente, prolongement momentané de l'édifice, abrita les corbillards attelés. Ironie des événements ! le célèbre ténor Alexis Dupont se trouvait à Angers, appelé par la municipalité pour prendre part à un festival qui devait avoir lieu ce même jour, et que la catastrophe fit ajourner[3]. Ce fut lui qui chanta le *Dies iræ*, le

---

[1] *Op. cit.*, p. 30-31.

[2] Le programme en avait été arrêté en séance extraordinaire du Conseil municipal le 17 avril.

[3] « Annoncée d'abord pour les 5-7 mars, la solennité est remise aux 17-20 avril. Le programme comprenait pour la partie vocale, M^{lles} Dobré et Montigny, MM. Alexis Dupont, Barbot, Géraldy, et, pour la partie instrumentale, Brunot, Triébert, Jancourt, Mengal, Croi-

*Pie Jesu* et l'*Agnus Dei* pendant la messe des funérailles. Le talent de l'artiste, sa voix pénétrante, onctueuse et flexible, qui faisait de lui un merveilleux interprète des chants liturgiques, arrachèrent des larmes à l'assistance. Après l'absoute, le cortège reprit sa marche et se dirigea vers le cimetière de l'Est.

Celui qui écrit ces lignes a été le témoin du spectacle grandiose et lugubre de ces obsèques militaires. A la suite de chacun des chars marchaient des soldats blessés, débris du 3ᵉ bataillon. Le colonel Thomas, le lieutenant-colonel Simonet, tenaient les cordons du poêle des cercueils du capitaine Dorré et du porte-drapeau Carette[1]. Le préfet, le maire, les adjoints, le général d'Uzer, commandant la division, le commandant Fleury, officier d'ordonnance du président de la République, un lieutenant-colonel, aide-de-camp du ministre de la guerre marchaient en tête de l'interminable cortège[2].

---

sille, Mas, Tolbecque, Tilmant jeune, Labro, Gouffé, l'élite des solistes des Concerts du Conservatoire, conduits par Niedermeyer, avec messe à la cathédrale (17 avril), concert spirituel (18 avril), grand concert au théâtre (19 avril), grand bal dirigé par Tolbecque (20 avril). La ville est envahie par une colonie d'hôtes joyeux ; toutes les maisons, tous les esprits s'ouvrent à la fête. La veille même du grand jour, en pleine répétition des artistes et des chœurs, se répand une nouvelle épouvantable : le pont suspendu de la Basse-Chaîne s'est écroulé sous les pas d'un bataillon du 11ᵉ léger ! Le festival, suivant le programme arrêté, fut reporté aux 28, 29, 30 mai et 6 juin. » (CÉLESTIN PORT, *Dictionnaire historique de Maine-et-Loire*, t. I, p. 47, col. 2.)

[1] Le lieutenant-colonel Simonet put effectuer le parcours de l'hôpital à la cathédrale « soutenu, dans sa marche chancelante, par deux soldats du 11ᵉ ». Il assista à la cérémonie religieuse, mais, secoué par l'émotion violente qu'il était incapable de surmonter, il dut s'abstenir de reprendre place dans le cortège pour se rendre au cimetière de l'Est. Près du char où se trouvait le cercueil de Carette, marchait en sanglotant un jeune sergent-major. C'était le frère du porte-drapeau.

[2] « Quel spectacle poignant, écrit Tardif, que celui de ces malheureux soldats qui, à peine arrachés au désastre, les uns, les bras en écharpe, les autres, la tête bandée, tous vêtus d'habits disparates, empruntés aux hôtes qui les ont recueillis, ont quitté leur lit de souffrance pour apporter un dernier adieu à leurs infortunés camarades » (*Op. cit.*, p. 60).

Des détachements du 47° et du 72°, en garnison à Angers, fermaient le convoi sur ses deux côtés. Au cimetière, les cercueils furent descendus par des soldats du 47°. Le préfet, le maire, le colonel du 11° léger prirent successivement la parole. « La dernière bénédiction ayant été donnée après le discours du colonel Thomas, la compagnie de voltigeurs du 11° léger et la compagnie du 47° qui avaient exécuté, simultanément, la première décharge, lorsque le dernier cercueil avait été descendu, ont défilé, par un, devant la tombe, et salué, par un dernier coup de feu, les restes de leurs malheureux camarades[1]. »

La cérémonie avait duré sept heures !

Les recherches furent poursuivies dans la Maine sans interruption. Le corps de la dernière victime, un chasseur, Alain-Marie Gueguen, ne fut retrouvé que le 5 mai. Il alla compléter l'ossuaire des 222 soldats que la catastrophe du 16 avait enlevés à l'armée et à la France[2].

Le soir des funérailles, le Président de la République arrivait à Angers. Le lendemain, accompagné du ministre de la guerre, général d'Hautpoul, du général de Castellane, du préfet et du maire, il s'est rendu à l'Hôtel-Dieu, où il a voulu s'entretenir avec chacun des blessés. Il s'est ensuite transporté à la caserne de Saint-Nicolas où étaient réunis les hommes valides du 3° bataillon, à peine au nombre de deux cents ; puis, sur le lieu même de la catastrophe, au bord de la Maine, près des culées de droite dont les câbles avaient cédé. Là, le prince-président se rendit compte du degré d'oxydation des fils et recueillit les détails les plus circonstanciés sur le fatal événement. Il distribua d'impor-

---

[1] TARDIF, p. 66.

[2] *Cent quatre-vingt-un* corps avaient été retirés de la Maine le soir du 17 avril. Le 18 et le 19 avril on en retrouva *quatre* ; le 21, *un* ; le 26, *quatre* ; le 27, *quatre* ; le 28, *quatre* ; le 29, *cinq* ; le 30, *dix* ; le 1er mai, *trois* ; le 5 mai, *six*. Total : 222.

tants secours, quelques décorations, et regagna Paris dans la nuit du 19[1].

Une souscription nationale fut aussitôt ouverte pour venir en aide aux familles des soldats du 3e bataillon. L'Assemblée nationale vota une somme de 150.000 fr. dans

[1] « Parti de Paris à deux heures, le 18 avril, écrit Tardif, le Président de la République est arrivé à Angers à onze heures du soir, le même jour. Le 19, vers les neuf heures du matin, accompagné de M. le Ministre de la Guerre et de M. le général de Castellane, de M. le Préfet et de M. le Maire, il s'est rendu, en habit de ville, à l'Hospice Saint-Jean, pour visiter les malheureux blessés. Là, s'approchant du lit de chacun d'eux, il les a interrogés avec sollicitude, a promis à plusieurs un congé et les a tous assurés de la bienveillance du Gouvernement. Il a donné deux cents francs à un estropié civil, qui a eu le poing coupé, et promis à un jeune homme de dix-huit ans, aveugle, d'avoir soin de lui. Puis, au nom du pays et de l'armée, il a remercié les administrateurs, les médecins et les sœurs de charité qui l'entouraient de leurs bons soins et de leur dévouement. Il a remis, ensuite, la croix de la Légion d'honneur à MM. Mirault et Bigot, tous les deux médecins, le dernier, l'un des administrateurs de l'Hospice, et celle d'officier, à M. Gérard de la Calvinière, sous-intendant militaire, qui, pendant quarante-huit heures, avait veillé à l'ensevelissement des morts. De là, le Président s'est dirigé vers le bâtiment de Saint-Nicolas, où étaient casernés les restes du 3e bataillon du 11e léger. Sur le boulevard de Laval, apercevant la figure pâle d'un soldat que Mme Manouri, institutrice communale, avait recueilli et venait de placer dans un fauteuil, sur le passage du Président, auquel elle espérait présenter une requête, celui-ci est descendu rapidement de voiture, s'est avancé vers le blessé, lui a serré la main et demandé ce qu'il désirait. Le soldat, interdit, ne put que balbutier des remerciements. Ce malheureux était profondément touché de tant d'intérêt et de sollicitude ; il était, en outre, atteint d'une nostalgie dont les suites donnaient aux médecins de sérieuses inquiétudes ; sa tête était prise, il parlait sans cesse de son pays ; mais son hôte charitable peignit, en peu de mots, sa situation. « Alors, c'est un congé qu'il vous faut », dit Napoléon, vivement ému et en lui serrant de nouveau la main, « eh bien ! soyez tranquille, je me charge de votre remplaçant » ; il remit un billet de cent francs au nommé Farveil, ouvrier cordonnier, qui avait sauvé le militaire, et remonta en voiture au milieu de l'émotion reconnaissante des assistants. A la caserne Saint-Nicolas, Louis-Napoléon put à peine contenir son émotion ; devant lui se trouvaient deux cents hommes à peine, c'étaient les seuls restes valides du 3e bataillon ! En apercevant le lieutenant-colonel Simonet, qui s'avançait pour le recevoir, le Président l'a embrassé avec effusion. Le Ministre a suivi son exemple et l'a assuré d'un prochain avancement. Le Président a décoré ensuite MM. Goult, chirurgien-major ; Desmarets, capitaine adjudant-major ; Bouchetet, capitaine ; Durier, sergent, et Guillieu, voltigeur, tous appartenant au 11e léger. Puis il se rendit sur les lieux du désastre du 16 avril. Là, le Président a remis la croix aux gendarmes Rensch et Briquet ; il s'est fait rendre compte des détails de la catastrophe, a examiné les débris du pont, les câbles et, notamment, les fils de fer qui se

ce but, et, en moins d'une année, on put distribuer 435.000 fr.
Pie IX avait envoyé 10.000 fr. et fait célébrer, à ses frais
personnels, un service funèbre dans l'église de Saint-Louis
des Français.

trouvaient oxydés. Après avoir ordonné une enquête, il a quitté ces
tristes lieux, pâle, et sous le poids de la plus vive et de la plus poi-
gnante émotion. Dans la rue Beaurepaire, il s'est arrêté pour visiter
un soldat blessé, recueilli par M. Letourneau, notaire. A midi et
demi, le Président s'est rendu, escorté par un peloton de la compagnie de cavalerie, à la caserne de l'Académie, ou il a passé en revue
un détachement du 47ᵉ qui se trouvait en garnison à Angers. Il a
décoré MM. Marland, capitaine; Gilbert, sergent; Imhoff, sergent;
Arnault, caporal-tambour, tous appartenant au 47ᵉ de ligne; puis
M. Ferré, coiffeur à Angers. Il s'est rendu, ensuite, à la caserne de
la Visitation, où il a remis la croix à MM. Sellier, capitaine adjudant-
major; Richer, capitaine; l'un et l'autre au 72ᵉ de ligne. Avant de
quitter l'Hôtel de la Préfecture pour rentrer à Paris, le Président
avait remis la croix de Commandeur de la Légion d'honneur à
M. Besson, préfet du département de Maine-et-Loire, et celle de
Chevalier à M. Guillier de la Tousche, maire d'Angers ». (Op. cit.,
p. 77-80.) Durier, le sergent décoré par le Président à la caserne de
Saint-Nicolas, avait été retiré de la Maine à l'aide d'une corde que lui
avaient lancée des lavandières. A peine sauvé, on l'avait vu, par trois
fois, se jeter à la nage, et chaque fois il avait ramené sur la rive un
de ses frères d'armes. Mais, grièvement contusionné à l'aine, il dut
céder à la douleur. La femme d'un terrassier, ancien soldat,
Mᵐᵉ Houdet, le recueille chez elle. Houdet ne tarde pas à rentrer. Sa
femme et lui entourent le blessé devenu leur hôte. Mais la fièvre
s'empare de Durier. Il est pris de délire. Il fond en larmes, il se
désespère d'avoir laissé retomber dans l'abîme un ami qu'il s'effor-
çait de sauver !... La scène était navrante. Le malheureux ne recouvre
le calme qu'à la vue de l'un de ses camarades, sauvé par un voisin,
M. Maire, et qui se trouva être précisément celui qu'il croyait perdu.
Le 19 au matin, Durier fut prévenu de se rendre à la caserne de Saint-
Nicolas pour y passer la revue du Président. Mᵐᵉ Houdet, craignant
que ce ne fût un stratagème pour le conduire à l'hôpital, ne voulut
pas le quitter. M. Houdet le revêtit, car il avait perdu tous ses effets,
de son uniforme de garde national, et nos trois amis se mettent en
marche, à pas bien lents, vers l'extrémité du faubourg. Durier est
accueilli par ses camarades avec de grandes démonstrations de joie.
Sa fidèle compagne ne l'abandonne pas dans les rangs. Elle a
demandé, en route, à tous les officiers qu'elle a rencontrés la faveur
de garder son cher malade, mais tous lui ont répondu par des paroles
évasives. Enfin, un aide de camp vient la chercher et la guide vers
un groupe de généraux qu'il lui désigne avec un geste respectueux.
La jeune femme, sans oser lever les yeux, répète sa requête. « Ma chère
petite dame, lui répond une voix fort douce, ce militaire est donc
votre frère? » Elle lève les yeux et reconnaît le Président de la
République. Elle veut se retirer, mais il la retient et, comprenant sa
réponse, quelque confuse qu'elle fût, il lui dit : « Votre malade vous
appartient; puisque ces Messieurs ne veulent pas vous le donner, je
vous l'accorde jusqu'à ce que vous l'ayez guéri! » Elle retourne alors
à son sergent; il n'était plus à sa même place. On l'avait assis sur

## II. Projet, par David d'Angers, d'un monument commémoratif (1850)

Le 18 septembre 1901, mourait à Angers Léon Cosnier, né dans cette ville le 24 septembre 1811. Six jours de plus auraient fait de lui un nonagénaire. Homme d'intelligence et de cœur, il avait débuté, comme écrivain, dès l'âge de vingt-trois ans, dans la *Gerbe*, revue locale où ses essais côtoyaient les pages étincelantes de Victor Pavie. On sait que Victor Pavie avait été le commensal et l'ami de Victor Hugo, de Sainte-Beuve, de Lamartine, de David d'Angers, durant ses années de droit à Paris. De retour en Anjou, Victor Pavie fonda la *Gerbe*, avec quelques lettrés de sa génération. Léon Cosnier fut du nombre et, un instant, Angers posséda son « cénacle » de poètes et de prosateurs distingués, personnels, d'autant plus dignes de respect qu'ils n'attendaient rien de la renommée. Écrire avec abnégation, sans espoir de notoriété, est le propre des hautes natures qui s'estiment heureuses d'avoir exprimé leur pensée sous

une chaise où il restait affaissé et fondant en larmes. Elle le crut évanoui, car, sans proférer une parole, il ne put que lui remettre un petit ruban dans la main. Sans se rendre compte de la nature de l'objet, elle s'empressait autour du malade pour le ranimer, lorsque les camarades qui l'entouraient lui dirent : « Il a la croix !... Il a la croix ! » Mme Houdet regarde alors ce qu'elle tenait dans sa main. C'était la récompense que Durier avait si bien méritée et dont, cependant, il s'estimait indigne, en répétant à sa garde-malade qu'elle l'avait gagnée plus que lui. Il était tellement ému qu'il défaillait à chaque instant, et tous les assistants étaient attendris à la vue des soins dont l'entourait Mme Houdet. La revue avait pris fin, mais Durier n'avait pas la force de regagner à pied la demeure de sa bienfaitrice. Déjà ses camarades songeaient à le porter sur leurs épaules, lorsque le colonel du 11e, s'approchant du groupe, obligea Mme Houdet et son protégé à prendre place dans sa voiture. (*Journal de Maine-et-Loire* du 20 avril.) — Le Lieutenant-colonel Simonet fut nommé, par décret du 27 avril, colonel au 64e de ligne et commandant de la place de Brest. Engagé volontaire à 17 ans, au 2e régiment de voltigeurs de la garde impériale, il avait été fait sous-lieutenant au 135e de ligne en 1813, lieutenant au 44e en 1823, capitaine au 52e en 1830, chef de bataillon au 30e en 1840, lieutenant-colonel au 11e léger en 1847. (TARDIF, p. 97.)

une forme dont le voisin ne possède pas le secret. Concevoir avec justesse, ne pas emprunter à autrui, être original, sans que la nouveauté du mot, l'imprévu de l'image altèrent en rien les préceptes posés par les maîtres, telle fut l'ambition généreuse des rédacteurs de la *Gerbe*. Léon Cosnier y publia : *Promenade aux bords du Rhin* (1834), *Palerme* (1835), *la Vendée* (1836).

Plus tard, lorsque la République eut remplacé le Gouvernement de Juillet, Cosnier devint directeur politique du *Journal de Maine-et-Loire*. Il occupa ce poste du 9 mars 1848 au 5 février 1851, et, pendant cette période, chaque jour, plume en main, le vaillant homme fut sur la brèche[1].

A quelle époque précise, dans quelles circonstances connut-il David d'Angers, qui habitait Paris depuis son retour de Rome, en 1816 ? Nous n'avons pas à le raconter ici. Ce qui importe, c'est l'intimité très réelle des deux angevins, l'un célèbre depuis longtemps, mais fidèle à toute affection dont le témoignage lui venait de sa province natale, l'autre connu seulement dans le cercle restreint où se dépensait son activité. En 1850, David comptait soixante-deux ans, Cosnier n'avait pas encore atteint la quarantaine. Cette différence d'âge aurait pu, ce semble, accentuer la distance entre le statuaire et ses amis de l'Anjou. Mais David, enthousiaste et jeune en dépit des années ou des déceptions, mettait en pratique la belle maxime du moraliste ancien : *Amicitia pares invenit aut facit*. A ses yeux, ses amis étaient ses égaux. Nulle morgue, nulle tentation de faire prévaloir son sentiment sur celui de ses jeunes compatriotes. Puis, ne l'oublions pas, le statuaire, doué

---

[1] A l'occasion de la catastrophe du 16 avril 1850, Léon Cosnier fut l'inspirateur ou l'auteur d'une suite d'articles faits avec non moins de talent que de conscience : N<sup>os</sup> du 16 avril 1850, premier récit de l'accident ; du 17 avril, complément de la veille, causes de l'accident ; du 19 avril, funérailles des victimes, détails sur la catastrophe ; du 20 avril, actes de dévouement ; du 24 avril, nombre des soldats morts retrouvés ; nombre des blessés ; notes pour propositions de récompenses, etc.

d'une délicatesse de cœur qui triompha de tous les événements de sa vie, conserva pour l'Anjou un culte, une tendresse dont on ne soupçonne pas la profondeur. Paris le retenait, mais sa pensée le ramenait invinciblement vers l'Anjou. Avec quelle sollicitude n'a-t-il pas caressé les œuvres qu'il destinait à sa province : *Bonchamps*, le *roi René*, *Béclard*, *Billard*, *Garnier*, *Volney*, et les exquises figurines qui font cortège au roi René, et le *Calvaire* et *sainte Cécile ?* De quels ouvrages, dus à son ciseau, n'a-t-il pas rêvé d'enrichir sa ville natale, dont il avait fait le nom inséparable du sien ? Il semble que toute voix angevine le subjuguât. Un appel lui parvenant des bords de la Maine était d'avance entendu, saisi et obéi. Sa correspondance avec ses compatriotes donne l'impression d'un homme qui n'a pas de secrets pour ses amis et veut être sûr de leur assentiment avant d'entreprendre une œuvre importante.

Il s'entretient avec ses compatriotes des moindres événements qui intéressent l'Anjou.

On pressent la stupeur dont il fut frappé à l'annonce de la catastrophe du 16 avril 1850. Léon Cosnier lui écrivit et lui demanda un projet de monument. David s'empressa de condescendre au désir de son ami. Mais la correspondance échangée resta secrète. Cosnier conserva la lettre du statuaire, ainsi que le croquis à la plume hâtivement tracé à sa prière. Le coup d'Etat survint. David prit la route de l'exil et ne rentra que pour mourir. Cosnier n'estima pas prudent de proposer à ses compatriotes d'ouvrir une souscription en vue de réaliser la pensée d'un vaincu de la politique.

L'autographe de l'artiste et son dessin demeurèrent enfouis dans les papiers de l'écrivain.

Mais voici que M. Eusèbe Pavie, ancien magistrat, le fils de Victor, a accepté, en 1901, la mission d'écrire la vie de Cosnier, le contemporain, l'ami, l'émule de son père.

Il se met à l'œuvre. Il furète, il lit, il compulse. Tout à coup, la lettre de David d'Angers, le projet de monument qui l'a motivée glissent d'un dossier. Eusèbe Pavie, radieux de la découverte, sans songer à en offrir lui-même la primeur à quelque recueil, s'empresse de faire bénéficier de ces deux pièces le biographe de David d'Angers. Nous lui devons toute gratitude de sa courtoisie, de son désintéressement. Sans lui, nous n'aurions eu ni la pensée, ni aucune raison d'écrire les pages que parcourt notre lecteur. Mieux que nous, Eusèbe Pavie était en mesure de mettre en lumière les documents dont nous lui sommes redevable.

Ce dut être au cours de l'été de l'année 1850 que Léon Cosnier s'entretint, avec le statuaire, de la catastrophe d'avril. L'artiste n'était pas à Paris. Rentré dans sa demeure de la rue d'Assas, il prend la plume et voici en quels termes il répond à Cosnier :

Paris, 18 novembre 1850.

MON CHER LÉON,

A mon retour de voyage, je trouve votre lettre à laquelle je m'empresse de répondre, et je vous envoie ci-joint un petit croquis d'une idée qui m'est venue, de suite, à la lecture de votre lettre.

Sur un socle en granit, d'un seul morceau, je voudrais voir élever un monument funéraire, aussi en granit, surmonté du drapeau du 11$^{me}$ léger, une palme, des couronnes de cyprès et quatre trépieds. Sur le socle, le pont brisé serait tracé profondément, au trait, comme vous avez vu à l'obélisque de Louqsor. Le drapeau, ainsi que les candélabres, les couronnes et la palme seraient en bronze ou en fer. Je ne voudrais pas de moulure, afin que ce monument eût un caractère prononcé d'austérité, et je présume que la dépense serait peu élevée. Enfin, si cette idée était adoptée, il faudrait que notre ami Moll voulût bien en faire un monument architectural.

Croyez-moi toujours à vous de cœur, mon cher ami.

DAVID D'ANGERS.

P.-S. — Si l'on élevait un monument près de l'endroit où la catastrophe a eu lieu, cela produirait un effet plus saisissant, et il serait mieux vu que dans le cimetière, que peu d'étrangers visitent.

Dans le cas où l'on se déciderait pour une colonne, je crois que le drapeau, la palme et les couronnes de cyprès seraient utiles pour l'expression morale.

Je vous demande en grâce de tâcher d'influer pour que ce monument soit élevé près du pont, sur la rive. Il faut que la ville d'Angers consacre un souvenir digne d'elle et d'un épouvantable désastre.

Je pourrais me dispenser de décrire le dessin de David. Lui-même s'est chargé de ce soin. Toutefois, ce qu'il n'a pas dit dans la lettre qui précède, parce qu'on ne soupçonne pas toujours les ressources que l'on porte en soi, c'est la justesse, l'élévation, la mesure qui distinguent ce menu croquis.

David est un esprit doué de synthèse au plus haut degré. Sa pensée va toujours droit au but. L'exécution, chez lui, à certaines heures, peut paraître hâtive. Il laissera subsister quelques rugosités sur l'épiderme, mais le geste qui est, suivant l'expression de Chapu, « la parole du marbre », le geste est toujours précis et au point voulu. L'attitude est décisive et conforme au caractère. Le regard est de l'homme. L'attribut souligne le geste, l'attitude et le regard.

Ici, l'homme est absent. La nature du sujet commandait cette absence. Les collectivités sont intraduisibles en sculpture. La foule défie le ciseau. Comment répondre à l'attente du spectateur, dont l'esprit est obsédé par le navrant tableau de cinq cents hommes luttant contre la mort, et quelle mort ! Comment évoquer les cris des blessés, le râle des mourants ? D'ailleurs, cet instant rapide dura trop peu pour qu'il fût logique de l'éterniser. Ce qui, dans une catastrophe, est empreint de toute majesté, ce n'est pas la lutte, ce n'est pas le corps à corps de l'être

humain avec la nature aveugle et sans entrailles, c'est la
défaite imméritée, c'est la domination brutale des éléments,
qui ne laissent place qu'au deuil, aux sanglots, au vide
irrémédiable et sans amendement. La mort est moins tragique que son lendemain.

C'est ce lendemain que l'art du statuaire est apte à
rendre tangible.

David ne s'y est pas trompé. Il entrevoit un monument
fait de silence et d'hommage. Il veut que du gouffre béant,
où plus de deux cents hommes ont péri, le drapeau seul
émerge. Il veut qu'un cénotaphe rappelle la vaillance
continuée des sauveteurs, qui n'ont pas permis au fleuve
de garder sa proie et de charrier des dépouilles aimées
jusqu'à l'océan. Il veut que le drapeau surmonte le tombeau
de ces malheureux et qu'une palme d'or, symbole du
martyre, mêle son feuillage éclatant aux plis de l'étendard
national. Oui, un monument est en puissance dans ces
traits de plume, jetés d'une main délibérée au service d'une
intelligence qui se meut dans le raisonnement et la
lumière.


### III. La tombe militaire du cimetière de l'Est (1854)


Pendant que David et Cosnier s'entretenaient ensemble
du monument commémoratif de la catastrophe, la municipalité se préoccupait de la tombe des victimes. M. Guillier
de la Tousche, représentant du peuple et maire d'Angers,
secondé par les adjoints et le Conseil, apporta tous ses
soins à honorer, autant qu'il dépendait de la cité, la sépul-
ture des malheureux soldats. L'inhumation avait dû être
faite avec toute célérité. Un jour seulement s'était écoulé
entre le désastre et les funérailles. Cent quatre-vingt-un
cercueils furent conduits au cimetière le 18 avril. C'est à
peine si la fosse gigantesque, appelée à recevoir un pareil

## AUX SOLDATS DU 11ᴱ LÉGER

### MORTS LE 16 AVRIL 1850

Croquis à la plume par David d'Angers (1850) découvert dans les papiers
de Léon Cosnier (1902)

nombre de dépouilles, était achevée à l'heure où la tête du cortège pénétra dans le champ funèbre. On ne pouvait songer à une inhumation provisoire, qui eût permis de construire une crypte, ou tout au moins un caveau surmonté, soit d'une chapelle, soit d'un groupe allégorique. C'est en plein sol qu'il avait fallu creuser la tombe, sans revêtement d'aucune sorte. Il n'y eut pas jusqu'au périmètre du vide qu'il fallut réserver, car le 17 avril on ignorait le nombre exact des morts. Du 18 avril au 5 mai, quarante-et-un cercueils devaient s'ajouter à ceux qui avaient été déposés au cimetière le 18 avril.

Si donc on souhaitait de rappeler par quelque signe éclatant la douleur des Angevins, le culte d'une région pour les soldats engloutis dans la Maine, on se trouverait fatalement empêché de rien poser sur l'énorme tumulus qui recouvre leurs restes[1].

C'est le 27 avril 1850 que fut prise la délibération suivante :

*Séance du Conseil municipal d'Angers, du 27 avril 1850*

L'an mil huit cent cinquante, le vingt-sept avril, à six heures et demie du soir, le Conseil municipal, convoqué extraordinairement, par lettres à domicile, en vertu d'une autorisation de M. le Préfet, s'est réuni au lieu ordinaire de ses séances, sous la présidence de M. D. Richou, premier adjoint, délégué par absence de M. Guillier de la Tousche, maire d'Angers, en ce moment à l'Assemblée législative.

Présents : MM. Chevré et Piquelin, adjoints; André Leroy, de Mieulle, de Terves, de la Perraudière, Montrieux, Meauzé, Guinoyseau, Planchenault, Bigot, Mestayer, Lemotheux, Lainé-Laroche, Ed. Avenant, Oriolle, Appert,

---

[1] Le tumulus, ou tertre, mesure 25 mètres de long sur $5^m,50$ de large. Sa hauteur, au-dessus du sol, est d'environ $1^m,20$. (Renseignements fournis par M. Auguste Huet. Lettre du 2 février 1903.)

Bellier, Montalant, Garin, Hacque, Drouart et Segris, conseillers; en tout, vingt-quatre membres.

MM. Guillory, Fourier, Duboys, de Lozé et autres membres non présents, ont justifié des motifs de leur absence.

. . . . . . . . . . . . . . . . . .

M. le Maire fait au Conseil l'exposé ci-après :

La population entière de la Ville, en s'associant au Conseil municipal pour rendre les derniers devoirs aux malheureux militaires du 11° léger, qui ont trouvé la mort lors de la catastrophe du pont suspendu, a émis un vœu entendu par l'Administration, et que vous accueillerez, nous n'en doutons pas, avec faveur.

Nos concitoyens, Messieurs, voudraient qu'un monument simple, mais digne, élevé aux frais de la commune sur la tombe où reposent tant de soldats enlevés à la Patrie, attestât à toujours la douleur profonde que leur sort funeste nous inspire.

Un architecte d'Angers, M. Launay-Pieau, prenant l'initiative, nous a offert ses services gratuits pour la rédaction d'un projet et la conduite des travaux.

Tous ses collègues se trouveraient, comme lui, heureux de pouvoir consacrer à cette bonne œuvre leur expérience et leur talent.

Nous sommes donc assurés, Messieurs, par un pareil empressement, que la pensée dont nous nous rendons l'interprète, serait parfaitement rendue si vous arrêtiez en principe l'érection du monument proposé.

Un autre architecte, M. Husson, de Paris, dans l'hypothèse que le tombeau serait construit au moyen d'une souscription, nous a écrit, de son côté, qu'il offrait à cette souscription les plans et dessins nécessaires à son exécution. Ainsi, Messieurs, au dehors comme au dedans, nous trouverions des artistes prêts à nous seconder dans notre entreprise.

Nous vous proposons, Messieurs, de voter, en principe, l'érection du monument pour être élevé aux frais de la ville, et de nommer une Commission prise dans le sein du Conseil pour, de concert avec l'Administration, aviser aux moyens d'exécution sur lesquels vous délibéreriez ultérieurement.

Le Conseil,

Admet, en principe, l'érection du monument, dont les projets seront présentés par l'Architecte de la ville ;

Décide que, conformément à la proposition de M. le Maire, les projets seront l'objet de l'examen d'une Commission de cinq membres ;

Et désigne, pour faire partie de cette Commission : MM. André Leroy, Planchenault, Drouart, Guinoyseau et Bellier.

Pour extrait conforme :

*Le Maire*, Charles BOUHIER.


Une colonne fut érigée, en exécution de ce texte. Elle se dresse au centre d'un dallage rectangulaire sur lequel est un soubassement formant degré[1]. Elle est en pierre du pays et appartient à la catégorie des colonnes annelées ou bandées, avec des tambours alternés, les uns décorés de cannelures, les autres lisses. Sur ceux-ci ont été gravés les noms des victimes. Le fût est surmonté d'un chapiteau très fouillé, que domine une croix adossée à un ornement de forme sphérique, au-dessus duquel est simulé un fer de lance et que traverse en diagonale une couronne. Sur la face principale de la base est gravé :

---

[1] Le dallage, placé à $2^m$ 50 de distance du tumulus, mesure $6^m$ 60 de côté. Quatre bornes en granit se dressent aux angles. Ces bornes sont décorées, à leur sommet, d'une couronne sculptée dans la masse. (Auguste Huet, 2 février 1903).

LA

VILLE

D'ANGERS

AU

XI°

LÉGER

Cette colonne est placée en avant de la tombe militaire, à peu de distance de l'entrée principale du cimetière de l'Est[1].

Elle a été lithographiée par Félix Benoist, et la planche en est jointe au livre de Tardif dont nous aller parler.

## IV. La Relation écrite et l'Estampe de Th. Tardif (1852)

Tardif-Desvaux, ingénieur civil, membre de la Société d'Agriculture, Sciences et Arts et de la Société Industrielle d'Angers, a publié en 1852 un travail de toute précision sur la catastrophe de 1850. C'est un livre écrit de première main, par un témoin, je devrais dire par l'un des acteurs du drame, car le digne écrivain fut au nombre des sauveteurs. Tardif est un savant. Il se plaît aux nomenclatures, aux dates, aux calculs. On sent l'ingénieur sous l'historiographe. Son volume, introuvable aujourd'hui et dont nous avons dû la communication à l'obligeance de M. Olivier

[1] Nous devons à l'obligeance de M. Chicotteau, secrétaire général de l'Hôtel-de-Ville, les renseignements qui suivent, relativement à la Colonne du cimetière : « J'ai retrouvé le devis de la colonne et le cahier des charges. Ces deux pièces sont signées Boutrouë, architecte-voyer de la Ville d'Angers. J'aurais été heureux de découvrir ce nom sur la base du monument. Recherche faite, la colonne ne porte aucune signature, mais il n'est pas douteux que ce soit l'œuvre de Boutrouë, car c'est lui qui a certifié la bonne exécution du dallage par les entrepreneurs chargés de ce travail. » (Lettre du 2 février 1903). La base de la colonne en granit mesure 2m 40 en hauteur sur une largeur de 1m 10. Le fût et le chapiteau atteignent une hauteur totale d'environ 10 mètres.

Joubin, bibliothécaire en chef de la ville d'Angers, n'est pas pas d'une lecture courante. On le consulte, on y recourt, on le cite — et, certes, nous lui avons fait pour notre compte de larges emprunts dans les pages qui précèdent — mais il ne serait pas le livre de chevet d'un lettré. L'émotion, peut-être aussi quelque inhabileté à tenir la plume, en tant que narrateur, n'ont pas mis suffisamment en garde le consciencieux auteur contre l'emphase, le style déclamatoire. Lorsqu'il cesse de relater les faits, l'attendrissement le domine, il s'abandonne aux interjections, et sa plume manque d'adresse pour faire partager à son lecteur sa tristesse terrifiée. Quoi qu'il en soit de ces lacunes superficielles, c'est Tardif qui a rédigé le livre autorisé, complet, décisif sur la catastrophe.

Une seule planche accompagne le texte de l'ingénieur. C'est une lithographie. Elle représente la Colonne érigée au cimetière d l'Est. Nous venons de dire que cette estampe est l'œuvre de Félix Benoist. Or, Tardif savait tenir le crayon. Il dessinait. Le désastre du 16 avril, dont il avait suivi les péripéties, lui suggéra la pensée de composer une vue de la catastrophe. Il exécuta même deux dessins qu'il fut en mesure de soumettre au Conseil municipal le 2 mai 1850, c'est-à-dire seize jours après l'événement. Voici en effet ce qu'il écrit dans sa *Relation* :

« L'essai que nous produisons aujourd'hui vient comme complément ou plutôt comme « justification » du tableau que nous livrons à la publicité. A l'occasion de ce tableau et d'un deuxième que, dans un premier projet, nous avions l'intention de faire paraître, mais que des circonstances indépendantes de notre volonté nous obligent à renvoyer à un autre moment, nous avons écrit au Conseil municipal d'Angers, le 2 mai 1850. M. le Maire nous a répondu le 28 juillet suivant :

« Monsieur, le Conseil municipal, sous les yeux duquel
« j'ai mis, suivant votre désir, les esquisses de deux
« tableaux que vous vous proposez de publier, en souvenir
« de la catastrophe affreuse qui a affligé notre ville, le
« 16 avril dernier, a consenti à ce que cette publication
« eût lieu sous son patronage. J'ai l'honneur de vous
« remettre, ci-joint, expédition de la délibération, en date
« du 28 juin, qui consacre cette disposition.

« Je fais personnellement des vœux, Monsieur, pour que
« le succès de votre entreprise réponde à son importance,
« et qu'il puisse vous récompenser dignement des soins
« que vous avez apportés et que vous apporterez encore
« dans l'exécution de votre très beau travail.

« Agréez, Monsieur, l'assurance de ma considération
« distinguée,

« Le Maire d'Angers, signé : Th. CHEVRÉ, adjoint. »

« Dès lors, nous avons confié l'exécution lithographique
de notre tableau à deux artistes distingués parmi ceux de
la capitale; mais, les résultats de leur travail nous ayant
trompé dans notre attente, nous avons dû recourir à un
graveur sur acier. Nous regrettons bien sincèrement que
le temps et nos ressources ne nous aient pas permis de
faire exécuter une taille-douce, au lieu de l'eau-forte que
nous produisons. Toutefois, nous espérons que notre tableau
ne sera pas moins favorablement accueilli par les personnes qui s'appliqueront à le considérer, non au point de
vue du mérite artistique de la gravure, mais en raison et
plus particulièrement pour le sujet qu'il comporte. Dans ce
tableau, que l'on peut regarder, dans la partie du pont et de
toute l'architecture qu'il comprend, comme un plan à
l'échelle de $0^m0005$, rien n'est controuvé, rien n'est em-
prunté pour la « mise en scène ». Tous les épisodes que
nous reproduisons sont « vrais », ils se sont déroulés sous
nos yeux, dans les eaux de la Maine ; les vingt barques que

l'on remarque ont toutes concouru au sauvetage des naufragés.

« On trouvera dans notre Relation le nom des hommes courageux qui les montaient, et l'on apprendra la tâche que chacune d'elles a été appelée à remplir dans ce drame lugubre [1]. »

Tardif y met trop de modestie. Sa planche, la seule qui nous soit connue, unit à l'exactitude une valeur esthétique appréciable. Gravée par Hilaire Guesnu, elle mesure $0^m75$ sur $0^m40$. Avec les marges, l'estampe est de $1^m$ sur $0^m68$. L'œuvre est de bon aspect. Les exemplaires en sont aujourd'hui très rares. Nous devons la communication de celui qui nous a permis de placer en tête de ce travail un fac-similé, trop réduit, à M. Clavreul, demeurant place du Ralliement, à Angers. Nous avions inutilement cherché cette estampe dans les collections particulières qui nous sont connues à Paris.

De même que le texte écrit de Tardif fait autorité sur l'événement de 1850, sa composition dessinée, traduite par Guesnu, est le meilleur tableau du désastre de la Basse-Chaîne.

Que représentait la seconde composition soumise au Conseil municipal d'Angers le 2 mai 1850 ? Sans doute un épisode ? Peut-être ce dessin n'était-il pas étranger à la visite du prince-président ? S'il en est ainsi, les événements politiques qui se sont produits à la fin de 1851 ont pu déterminer l'auteur à ne pas livrer au public le dessin dont il parle, en termes assez obscurs, dans sa *Relation* parue seulement en 1852.

---

[1] *Op. cit.*, p. x-xi.

### V. Les Souvenirs militaires d'un officier français, par le colonel Duban, survivant de la catastrophe (1896).

Le silence se fait autour du drame de 1850. Mais voici qu'en 1896, le colonel Duban publie ses *Souvenirs militaires d'un officier français*. Pour être moins étendus que les *Mémoires de Marbot*, ces *Souvenirs* ont le charme, la couleur, le tour d'esprit qui distinguent le livre du général. Le colonel Duban, né à Dijon en 1827, engagé au 11ᵉ léger en 1848, sous-lieutenant en 1855, lieutenant la même année, après la prise de Malakoff, capitaine en 1859, chef de bataillon et lieutenant-colonel en 1870, replacé chef de bataillon par la commission de révision des grades, malgré les protestations indignées du général Ducrot, lieutenant-colonel pour la seconde fois en 1875, colonel en 1880, admis à la retraite par limite d'âge en 1887, après avoir été proposé et maintenu deux fois, à l'unanimité, pour le grade de général, remplissait en 1850 les fonctions de fourrier au 3ᵉ bataillon du 11ᵉ léger. La catastrophe de la Basse-Chaîne ne pouvait être omise dans les *Souvenirs militaires* qu'il fit paraître en 1896. En effet, dès les premières pages de ses *Souvenirs*, le colonel fait un récit ému de l'événement. Chose étrange, ce livre a été publié par l'éditeur de la *Vie* de David d'Angers. Les deux ouvrages sont placés sur le même rayon dans la librairie Plon. Et nous n'avons pas soupçonné que le colonel Duban eût été le narrateur d'un fait qui nous avait si vivement impressionné nous-même. Par contre, les Angevins étaient tous renseignés sur la participation du colonel au drame de 1850. Les *Souvenirs militaires* avaient pris place, dès le lendemain de leur publication, à la Bibliothèque d'Angers. C'est une Angevine, fille d'un ancien soldat du 11ᵉ léger, Mˡˡᵉ Mathilde Alanic, écrivain de talent, auteur du *Maître du Moulin-Blanc, Norbert Dys, Ma cousine Nicole*, qui nous révéla l'existence du livre dont son père ne pouvait se séparer. N'avait-il pas vu la mort de trop près sur le pont fatal? Il était dans les premiers rangs qui atteignirent la rive gauche de la Maine sans encombre. M. Alanic avait gardé l'impérissable souvenir de la catastrophe.

Le colonel Duban nous fournit quelques explications, que Tardif ne donne pas, sur l'itinéraire imposé au bataillon à son entrée dans la ville d'Angers. Nous croyons utile de lui emprunter les lignes suivantes :

« Le 11ᵉ léger était signalé comme républicain, les sous-officiers disait-on, fréquentaient les clubs. Rien n'était moins fondé. Le régiment reçut brusquement l'ordre de se rendre à Oran, d'abord de Rennes à Marseille par la voie de terre. Il devait voyager en trois colonnes, c'est-à-dire par bataillon isolé, avec défense à tous de trop fraterniser avec les populations. Les cafés nous étaient consignés, surtout dans la soirée, et, dès qu'un sous-officier était convaincu ou même soupçonné de s'être trouvé dans une réunion civile, il était expédié sur l'Algérie, escorté par les gendarmes; cela sans enquête, sans le moindre jugement; il disparaissait et il n'en était plus question. Cette manière de faire devait soulever beaucoup de protestations sur notre passage. Aussi les invitations redoublèrent. Nous étions considérés comme des victimes du gouvernement et traités partout comme des frères malheureux[1]. »

Nous avons dit plus haut, d'accord avec Tardif, les précautions prises par l'autorité, dans le but de soustraire le 3ᵉ bataillon du 11ᵉ léger au contact de la population ouvrière. On redoutait, avons-nous dit, des manifestations hostiles. Le colonel Duban présente la question sous un

---

[1] *Souvenirs militaires*, p. 20-21.

point de vue différent. Le 11ᵉ léger était l'objet de sévérités
excessives qui lui avaient concilié les sympathies de la
population civile, dans des proportions dangereuses pour
la discipline. Ce que l'on pouvait craindre ce n'étaient pas
des marques d'hostilité, mais bien, au contraire, des
démonstrations chaleureuses qui, s'adressant aux soldats,
auraient eu le caractère d'une critique à l'égard du haut
commandement. Nous pensons que les deux auteurs sont
également dans le vrai. Un double sentiment pouvait se
faire jour dans la foule, et la prudence conseillait de ne pas
mettre inutilement l'armée en présence de masses surexci-
tées. Toutefois, l'état d'esprit que nous révèle le colonel
Duban prit corps, avec une singulière intensité, chez les
adversaires du pouvoir, au lendemain de la catastrophe.
Dans la stupeur qui s'empara de tous, en face de l'immen-
sité du désastre, on murmura le mot de préméditation !
La passion rend aveugle. On parla de destruction voulue,
de plan combiné pour anéantir le bataillon ! « Un certain
journaliste osa même accuser le colonel Thomas[1]. » Cette
monstruosité ne resta pas impunie. Le journaliste accu-
sateur de l'armée fut jugé et condamné.[2] Ce que nous
disons plus haut de la présence à Angers le 19 avril du
président de la République et du ministre de la guerre,

---

[1] *Souvenirs militaires*, p. 27-28.

[2] « L'heure des funérailles n'avait pas sonné, écrit Victor Pierre,
que des journaux de Paris, de Nantes, d'Angers même, avaient
déjà imputé cette catastrophe à une imprudence telle, de l'administration, qu'elle eût ressemblé à une horrible préméditation. » (*Histoire de la République de 1848*, t. II, p. 358.) D'autre part, on lit
dans l'*Histoire populaire contemporaine de la France*. (Paris,
L. Hachette et Cⁱᵉ 1864, gr. in-8, t. I, p. 202, col. 1) : « Le président de la République arriva à Angers apportant des secours
pour les victimes, des récompenses pour les sauveurs, et c'est
au moment où il montrait comment il savait prendre part aux
malheurs publics, qu'on l'accusait d'avoir préparé cette catastrophe
pour se débarrasser d'un régiment, disait-on, gagné au socialisme.
Il fallut suspendre deux journaux; et M. Proudhon qui, de sa prison
peu sévère, écrivait de pareilles choses, fut transféré à Doullens;
mais il promit d'être plus tranquille, et on le ramena à la Concier-
gerie, où il se maria plus tard. »

des récompenses décernées à ces mêmes soldats du
3e bataillon, l'avancement immédiat donné au lieutenant-
colonel Simonet font justice des insinuations criminelles
dans leur extravagante absurdité, tombées de plumes
abjectes.

La France est la France !

Ce qu'il faut retenir des lignes empruntées ici au
colonel Duban, c'est que les circonstances commandaient
aux autorités de ne pas user du pont central pour le passage des troupes et de diriger la colonne vers le pont de
la Basse-Chaîne.

Laissons maintenant le colonel retracer l'événement du
16 avril :

« Mon bataillon, le troisième avec lequel marchait
l'état-major, formait une colonne commandée par le lieutenant-colonel Simonet. Cette colonne devait arriver dans
la matinée à Angers. Les fourriers, dont je faisais partie,
étaient, selon l'habitude, à l'avant-garde avec quelques
hommes de corvée, pour aller chercher le pain à distribuer
aux troupes et préparer le logement. Il faisait, depuis le
matin, un temps exécrable, une pluie diluvienne avait
traversé nos vêtements ; cependant tout était prêt pour
l'arrivée du bataillon.

« Vers 11 heures, il fut signalé et, à quelques minutes
de la ville, la colonne fut arrêtée. On rectifia vivement les
irrégularités de la tenue, le lieutenant-colonel fit mettre la
baïonnette au canon et donna l'ordre de reprendre la
marche par demi-sections. Avant d'entrer en ville, la
colonne avait à traverser un pont en fil de fer d'une lon-
gueur de cent mètres environ. Ce pont, placé sur la Maine,
profonde de six à huit mètres à cet endroit, était très
flexible, ballottait beaucoup et fut même l'objet de plai-
santeries lorsque l'avant-garde le traversa. Il était orné à
chaque bout de deux pilastres en pierre formant obélisques.

« La tête du bataillon s'engagea sur le pont, sans batterie ni sonnerie, et, lorsqu'elle fut arrivée à l'autre extrémité, c'est-à-dire lorsque presque toute la colonne se trouva sur le tablier, un épouvantable craquement se fit entendre : une extrémité du tablier venait de se rompre! L'élasticité fit plonger cette extrémité d'abord, puis le poids énorme des hommes et des chevaux bousculés fit casser et déverser complètement le tablier qui, par suite de ce mouvement, lança dans la rivière tous les malheureux soldats qu'il portait.

« Rien, non, rien ne peut donner une idée de cette effroyable catastrophe. Je le répète, les hommes avaient sac au dos, la baïonnette au bout du fusil. Ils furent jetés pêle-mêle, renversés les uns sur les autres, tombant d'une douzaine de mètres de hauteur, et dans une vingtaine de pieds d'eau.

« Pour comble de malheur, plusieurs des pilastres en pierre des extrémités du pont se brisèrent et tombèrent sur ces malheureux, en les mutilant d'une façon horrible. Depuis le deuxième ou le troisième rang des musiciens jusqu'à l'avant-dernière demi-section des voltigeurs, c'est-à-dire des derniers du bataillon, tout tomba à l'eau.

« D'habitude les fourriers se portent à la rencontre de la colonne, lorsque celle-ci entre en ville ; j'allais, comme mes collègues, m'engager sur ce maudit pont, lorsque cet atroce effondrement se produisit. Je fus donc forcément témoin de l'événement. Il y aura bientôt quarante-cinq années que mes souvenirs conservent l'impression inénarrable que je ressentis, en voyant mes pauvres camarades tomber par centaines dans le gouffre... Et j'entends encore leurs cris désespérés !

« J'ai vu, dans ma longue carrière, bien des événements de guerre, des catastrophes terribles, des magasins à poudre sauter, des sièges, des assauts, mais jamais je n'ai vu un tableau aussi horrible, aussi navrant !

« Dès le premier moment, ceux qui se trouvaient là, indemnes, s'ingénièrent à organiser le sauvetage. On sonna le tocsin en ville, on battit la générale. La garnison d'Angers accourut et, en employant tous les moyens possibles, on retira les malheureuses victimes, que les habitants s'empressèrent de recevoir et de soigner. La population de la ville ne se montra pas inférieure en dévouement aux troupes de la garnison.

« On retirait de cette sinistre rivière des grappes humaines de deux à plus de vingt cadavres crispés, soudés les uns aux autres, d'aucuns n'ayant plus qu'une partie de la tête, d'autres, perforés par les baïonnettes ou ayant, qui, un bras, qui, une jambe arrachés ou écrasés par la chute des pilastres, tous enfin mutilés et portant sur le visage les affres de cette mort terrible et imprévue [1]. »

Le colonel Duban relève deux épisodes qui s'ajoutent à ceux que nous empruntons plus haut à l'ouvrage de Tardif.

« J'ai vu un soldat connu comme mauvaise tête, prévôt d'armes, puni de prison, avant le départ, pour avoir découché, tomber à l'eau avec son capitaine qui l'avait puni et sauver ce dernier au péril de sa vie. Ce soldat accomplit là un véritable acte de dévouement dont il fut félicité par un ordre du régiment.

« Cet acte répond à ceux qui prétendent que les soldats mécontents saisissent toutes les occasions favorables pour se venger de leurs chefs, lorsqu'ils leur paraissent trop sévères ou injustes.

« A quelque distance, on vit un musicien cantinier sauver sa femme en la tenant sous un bras et pousser de l'autre main la grosse caisse qui surnageait. Cet homme était de

---

[1] *Souvenirs militaires*, p. 22-26.

grande taille ; il tirait parti de ses longues jambes ; il
aborda sans encombre et fut recueilli ainsi que sa femme,
qui vit encore [1]. »

Ces lignes datent de 1896. La cantinière du 11e léger
est-elle toujours au nombre des vivants ? Elle ne lira pas
notre étude sans émotion.

Le colonel Duban attribue la chute du pont à la charge
résultant du nombre d'hommes engagés sur le tablier. On
a vu que Tardif est d'une opinion différente. Le poids
n'aurait pas déterminé l'accident. Celui-ci se serait produit
sous la pression de l'ouragan, les troupes en marche sur
le pont offrant au vent une surface qui centuplait la force
du cyclone [2]. L'auteur des *Souvenirs militaires* s'exprime
ainsi :

« Le lieutenant-colonel, commandant la colonne, commit
l'imprudence de laisser traverser le pont par ses troupes,
réunies en demi-sections, sans les espacer, et surtout sans
rompre le pas. Cela se fait depuis cette époque, mais alors
il n'existait aucune prescription réglementant les précautions à prendre en pareil cas [3]. »

Tardif affirme que l'ordre fut donné de rompre le pas,
avant que la tête de la colonne s'engageât sur le pont, mais
il ne dit pas que les demi-sections furent espacées. Le
lieutenant-colonel omit sans doute de prendre cette mesure
que ne prescrivait aucun règlement. Mais, eût-elle été prise,
que les hommes aveuglés par la pluie, pris de flanc par le
cyclone, menacés dans leur équilibre par les oscillations

---

[1] *Souvenirs militaires*, p. 26-27.

[2] « Il n'est pas inutile de rappeler que l'ordre de marche avait été
envoyé avant qu'éclatât la tempête et qu'on pût même la pressentir. »
(Lettre du lieutenant-colonel Simonet, citée par Victor Pierre, dans
son *Histoire de la République de 1848*, t. II, p. 358.)

[3] *Souvenirs militaires*, page 28.

transversales du pont, n'auraient pas tardé à perdre les distances commandées, et la débandade involontaire, constatée au moment de la rupture des câbles, se fût produite en dépit de tout commandement.

D'ailleurs, le colonel Duban, dans sa haute droiture, se garde d'incriminer son ancien chef.

« Cet officier supérieur, écrit-il, très aimé de tous au régiment, avait agi beaucoup par bonté d'âme. Il faisait un temps atroce depuis le matin; la pluie tombait à torrents et les hommes étaient traversés. Il tardait au lieutenant-colonel de les envoyer dans leurs logements, et il crut bien faire en accélérant leur arrivée en ville[1]. »

Si le lieutenant-colonel, mort aujourd'hui, avait besoin que l'on plaidât en sa faveur les circonstances atténuantes, sa plus belle défense devrait être cherchée dans les *Souvenirs militaires* de son ancien fourrier, devenu plus tard le colonel Duban.

« Les hommes échappés à la catastrophe, est-il dit encore dans les *Souvenirs militaires*, ainsi que les blessés et contusionnés rétablis, partirent pour Marseille où les deux autres bataillons étaient arrivés, et, dès la réunion effectuée, on procéda à la reconstitution du 3e bataillon. Depuis cette époque, chaque année le 11e léger (devenu le 86e de ligne), à l'anniversaire du 16 avril, faisait célébrer un service religieux en mémoire des victimes de cet inoubliable accident. Du moins, cela eut-il lieu jusqu'en 1870, époque à laquelle je quittai ce régiment[2]. »

[1] *Souvenirs militaires,* p. 28.
[2] *Op. cit.,* p. 28-29.

## VI. L'Inscription lapidaire du nouveau pont
### (1898)

L'élan est donné. Le drame de 1850, toujours présent à la pensée des Angevins, va susciter les témoignages de sympathie les plus divers. Le nouveau pont de la Basse-Chaîne, construit de 1850 à 1856, au prix de difficultés et de mécomptes que nous n'avons pas à relater ici, est de toute solidité. Ses arches posent sur le rocher. Mais, en 1898, on reconnut toutefois que des réparations importantes étaient devenues nécessaires. Il y fut procédé. C'est alors que M. Proust, adjoint au maire d'Angers, prit l'initiative de réclamer une inscription commémorative de l'événement de 1850. L'exposé des motifs de la proposition, lu en séance du Conseil, le 21 juin 1899, fait trop d'honneur à M. Proust pour que nous ne soyions pas heureux d'en insérer le texte à cette page. En réalité, c'est M. Proust qui, le premier en date parmi les Angevins, aura provoqué la manifestation tangible de la fidélité du souvenir sur le lieu même de la catastrophe. M. Proust justifiait ainsi le vœu si logiquement exprimé par David d'Angers, dans sa lettre à Léon Cosnier, dont personne, alors, ne soupçonnait l'existence.

Laissons-lui la parole :

« MESSIEURS,

« Au mois d'avril 1850, la Ville d'Angers faisait les préparatifs d'un festival grandiose. Le programme, rédigé par une Commission de 28 membres, comprenait l'élite des solistes des concerts du Conservatoire et annonçait la solennité pour les 17-20 avril. La Ville est envahie par une colonie d'hôtes joyeux ; toutes les maisons, tous les esprits s'ouvrent à la fête.

« La veille du Grand jour, dit Célestin Port, en pleine répétition des artistes et des chœurs, se répand une nouvelle épouvantable (16 avril, 11 h. 1/4 du matin). Le pont suspendu de la Basse-Chaîne s'est écroulé sous les pas d'un bataillon du 11e léger. Par un temps affreux, une averse violente, le vent déchaîné en tempête, les sapeurs, les voltigeurs, les tambours, la musique presque entière avaient passé, quand un terrible craquement se fait entendre. Les câbles s'étant rompus dans les puits d'amarre de la culée de la rive droite, les colonnes en fonte s'étaient affaissées et le tablier, s'inclinant et se relevant violemment, avait écrasé une partie de la 1re compagnie et jeté à l'eau 500 hommes, la plupart blessés dans leur chute. A peine les barques de secours peuvent-elles tenir contre le flot. La première qui se hâte, montée par le marinier Guibert, est renversée avec ses quatres compagnons. On se précipite pourtant ; on lutte de courage et de dévouement ; mais le 18, au milieu d'une stupeur immense et d'une désolation inexprimable, toute la Ville en deuil, magasins et ateliers fermés et tout commerce suspendu, 27 voitures conduisaient au cimetière de l'Est 180 cadavres, sans attendre les nouvelles épaves rendues chaque jour par la Maine, en tout 223 victimes d'un sinistre inouï. » (C. Port, *Dictionnaire historique de Maine-et-Loire.*)

« Je n'ai rien à ajouter à cette triste relation. Mais ne pensez-vous pas, Messieurs, que le moment serait opportun de profiter de la réparation importante que nous allons effectuer au pont de la Basse-Chaîne, pour rappeler aux anciens et faire connaître aux jeunes la terrible catastrophe du 16 avril 1850 ? Je ne demande pas un monument, mais quelques pierres de granit dans lesquelles serait encastrée une plaque de marbre noir qui dirait, par ses inscriptions en lettres dorées, combien la Ville d'Angers a le culte de ses morts, le souvenir de tous les dévouements.

« Placée à l'entrée même du pont, cette modeste inscription, pour laquelle aucun crédit nouveau ne serait néces-

saire, prouverait à tous que, si parfois les luttes politiques
nous divisent, nous nous retrouvons toujours unis pour
honorer nos frères victimes du devoir. »

Le Conseil,

A l'unanimité, adopte la proposition de M. Proust.

Pour extrait conforme du registre des Délibérations :

*Le Maire*, Charles BOUHIER.

En exécution de la décision prise par le Conseil le
21 juin 1899, l'inscription suivante fut placée sur la paroi
du pont de pierre :

16 AVRIL 1850 :

RUPTURE DU PONT SUSPENDU

DE LA BASSE-CHAÎNE

AU PASSAGE DU 11ᵉ LÉGER.

A LA MÉMOIRE

DES 223 VICTIMES !

*16 avril 1900.*                     LA VILLE D'ANGERS [1].

## VII. Le Souvenir Français et le cinquantième anniversaire de la catastrophe (1900)

Qui ne connaît la Société nationale du Souvenir Français ?
Instituée en vue de « l'édification et de l'entretien des
tombes des militaires et marins morts pour la Patrie »,
autorisée par arrêté ministériel du 29 août 1887, elle a

---

[1] Célestin Port donne le chiffre de 223 comme étant celui des
victimes de la catastrophe. Pour être exact, il faut écrire 222 ou 224,
selon que l'on considère la totalité des victimes, ou seulement les
soldats du 11ᵉ léger. Voici ce que nous écrit à ce sujet M. Chicotteau,
secrétaire de l'Hôtel de Ville : « Le chiffre de 222 est bien celui des
soldats figurant sur les registres de l'état-civil, comme décédés
victimes de la catastrophe. A ces 222 militaires il faut ajouter deux
civils, employés d'octroi, les nommés Grêlé (Hippolyte) et Goulu
(Jean-Baptiste). Ces deux employés ont été inhumés sur le bord de
l'allée qui longe l'extrémité du tumulus où reposent les soldats.
Célestin Port a donc, à son insu, fourni un renseignement erroné en
se tenant au chiffre de 223 ». (Lettre du 2 février 1903.)

pour président, en 1903, le général Zédé, grand officier de la Légion d'honneur, ancien gouverneur de Lyon, ancien commandant du 14ᵉ corps d'armée et de l'armée des Alpes. Le professeur Niessen, secrétaire général fondateur de la Société, en est l'âme. Conférences, voyages, brochures, rapports, comptes rendus, correspondance, remplissent ses heures sans lasser son patriotisme. Sa tâche est sans limites. Les Comités locaux du *Souvenir Français* se comptent par milliers ; ses adhérents par millions. Leur nombre peut s'accroître encore et, à mesure que le but éminemment généreux et désintéressé de la Société sera mieux connu, des adhésions nouvelles lui seront acquises ; elle recevra davantage, l'obole du plus humble lui étant assurée.

Comment refuser quelques pièces d'argent aux intendants généraux de cette vertu française, la fidélité ? Chacun de nous se meut dans une sphère étroite. Nous n'embrassons du regard que des intérêts immédiats. Aucune vue d'ensemble ne nous est possible. La division des ressources met obstacle à l'exécution de tout projet important. Il est donc nécessaire que nous ayons des mandataires de sollicitude, des dispensateurs de gloire qui agissent, en notre nom, mieux que nous n'agirions nous-mêmes. Tel est le rôle du *Souvenir Français* dont les chefs se considèrent comme les survivants de la grande famille militaire, si souvent décimée par la mort.

Le *Souvenir* a le culte des disparus. Ici, c'est une tombe qu'il élève ; là, c'est un monument qu'il rend possible par son concours efficace ; ailleurs, c'est la commémoration solennelle d'un grand deuil, dont les témoins oculaires se sont faits trop rares, si même il en existe encore, pour que l'hommage attendu ait l'ampleur et la dignité désirables, si une pensée directrice ne prenait soin d'en dicter le programme.

N'est-ce pas ce que nous avons vu à Angers, au cinquan-

tième anniversaire de la catastrophe du Pont de la Basse-
Chaîne? J'ouvre au hasard un journal angevin, celui-là
même dont Léon Cosnier avait la direction en 1850. Voici
ce qu'il m'apprend :

Hier matin (16 avril) a été célébré, à Angers, le cinquante-
naire de l'horrible catastrophe du pont de la Basse-Chaîne.
Comme nous l'avions annoncé, le *Souvenir Français* a fait
célébrer à la Cathédrale une messe à la mémoire des victimes.
M. le Président Roger de Terves y assistait, entouré de
MM. L. Bougère, député; de Kergos, vicomte de Rochebouët,
A. Planchenault, L. Bourcier, Moisseron et plusieurs médaillés
militaires.

A l'issue du service religieux, le cortège s'est formé dans
la cour de la Mairie pour se rendre au cimetière de l'Est et, à
10 heures précises, il s'est mis en marche dans l'ordre suivant :

La musique municipale, un peloton de pompiers avec le
commandant Goujon et les autres officiers, la couronne de la
Municipalité, M. le Maire, MM. I. Boulanger, Proust et Gauvin, adjoints; M. Voisin, conseiller général; M. Frank,
conseiller de préfecture; MM. Autré, Bruas, Roussière,
Mitonneau, conseillers municipaux; la délégation militaire
comprenait : un commandant du 135e, deux capitaines du 25e
et du 6e génie, et deux lieutenants; le groupe du *Souvenir
Français*, MM. R. de Terves, L. Bougère, A. Planchenault,
Drs Jourdan et Guichard; la Société des Anciens Militaires
avec son président, M. Cardi et son drapeau, la Société des
Combattants de 1870 avec M. le colonel Chambeau et son
drapeau, un groupe d'habitants de la Madeleine et des
Justices, et enfin la Société de gymnastique.

De magnifiques couronnes étaient portées au devant de
chaque groupe. Celle de la Municipalité porte comme inscription : *La Ville d'Angers aux victimes de la catastrophe du
pont de la Basse-Chaîne, 16 avril 1850-16 avril 1900.*

Le *Souvenir Français* offrait une superbe couronne tricolore
en fleurs naturelles, camélias et lilas, avec cette simple inscription : *Le Souvenir Français.*

Les autres, toutes également très belles, portaient comme
inscription : *La Société fraternelle des anciens militaires,
cinquantenaire du 16 avril 1850, aux victimes du 11e léger;*

*— Les combattants de 1870 à leurs frères d'armes ; — Souvenir des habitants du IV<sup>e</sup> arrondissement aux victimes du 11<sup>e</sup> léger ; — La Société de gymnastique et d'instruction militaire.*

Sur tout le parcours du défilé, place du Champ-de-Mars, rue de Paris et rue Larevellière, la foule s'empressait.

Au cimetière, des couronnes ont été déposées au pied du monument élevé à la mémoire des victimes de la catastrophe, et M. Joxé, député et maire d'Angers, a prononcé, d'une voix émue, le discours suivant :

« Messieurs,

« Le cinquantième anniversaire de la catastrophe du pont de la Basse-Chaîne coïncide avec les tristes événements qui se déroulent au Transvaal, où plusieurs de nos compatriotes sont morts en combattant dans l'armée des Boërs.

« La presse nous a appris le nom de l'un d'eux, le vaillant colonel de Villebois-Mareuil, qui a été victime de son dévouement à la cause de ce peuple héroïque qui lutte pour conserver son indépendance.

« Nous regrettons vivement de ne pas connaître les noms de ses compagnons de France qui sont tombés à ses côtés ; mais nous les confondons tous dans l'expression de nos regrets et de notre admiration pour leur caractère chevaleresque.

« Constatons une fois de plus, Messieurs, que la source des généreux dévouements dans notre chère France n'est pas tarie et que, comme toujours, nous concourons à l'émancipation et à l'indépendance des peuples[1].

« Les morts de 1850, dont nous célébrons aujourd'hui la mémoire, n'ont pas eu, comme Villebois-Mareuil et ses compagnons, la gloire de mourir en héros. Ils ont été, eux, le jouet de la fatalité.

---

[1] La mort de Villebois-Mareuil avait été connue le 7 avril par une dépêche de Londres datée du 5. Le colonel, né à Nantes, élevé à Saint-Hilaire-de-Lonlay, près Mortagne, avait de profondes attaches en Anjou. Sa famille habitait le château de La Ferrière, près Segré. Les Villebois-Mareuil sont alliés aux de Boissard, de Villoutreys, de Quatrebarbes, de Romain, etc. Un service solennel devait avoir lieu, à la cathédrale d'Angers, le 23 avril, en l'honneur du colonel mort au Transvaal. M. Joxé ne put se soustraire à l'émotion dont il constatait autour de lui tant de preuves diverses. Ainsi s'explique l'exorde de son discours, prononcé le 16 avril, devant la tombe militaire du cimetière de l'Est.

« Il est impossible, Messieurs, de maîtriser l'émotion qui nous étreint en nous représentant cette catastrophe effroyable, où de malheureux soldats, pressés par la marche cadencée de leurs camarades, tombaient dans le gouffre béant où ceux-ci devaient être précipités à leur tour, jusqu'à ce qu'enfin un certain nombre aient pu résister à la poussée de ceux qui les suivaient.

« Nous remercions tous nos concitoyens, réunis à cette cérémonie, d'avoir bien voulu s'associer aux anciens militaires, toujours si dévoués, et à l'Administration municipale, pour célébrer ce douloureux anniversaire.

« Conservons au fond de nos cœurs le souvenir de cette journée de deuil, et félicitons le Conseil municipal de la perpétuer en décidant qu'une plaque commémorative sera placée sur le pont de la Basse-Chaîne, sous les yeux de tous, et au lieu même où cet événement, à jamais déplorable, s'est produit.

« Je termine, Messieurs, en envoyant l'expression émue de nos condoléances aux survivants des familles des victimes de cette catastrophe. »

Le cortège est ensuite allé saluer deux tombes voisines, celles de deux employés d'octroi, également victimes de la catastrophe du 16 avril 1850 [1].

## VIII. L'Iconographie de la catastrophe (1900)

En 1900, à l'occasion du cinquantième anniversaire de l'événement du 16 avril 1850, un iconophile angevin,

[1] *Journal de Maine-et-Loire*, 17-18 avril 1900. — M. Bodinier, sénateur, a adressé à M. le Président de la Société des Anciens militaires, la lettre suivante :

« *Angers, le 14 avril 1900.*

« Monsieur le Président, retenu à la chambre par la grippe, je ne pourrai pas, à mon très vif regret, me joindre à la Société des Anciens Militaires, lundi prochain, pour aller avec elle déposer une couronne à la mémoire des soldats du 11e léger, victimes de la catastrophe du pont de la Basse-Chaîne, en 1850.

« Je m'associe de tout cœur à cette pieuse et patriotique cérémonie.

« Je vous prie de le dire à nos camarades et d'agréer, M. le Président, l'assurance de mes sentiments distingués.

« G. BODINIER,

« Ancien combattant de 1870. »

M. Gontard de Launay, a publié une intéressante plaquette ayant pour titre : *Iconographie du Pont de la Basse-Chaîne*[1]. Cette plaquette suggéra la pensée de dresser une iconographie, sinon complète, du moins plus générale. M. Gontard de Launay n'avait voulu puiser que dans sa propre collection et dans les portefeuilles d'un ami, M. J. Godron, angevin comme lui. C'était y mettre toute modestie et témoigner qu'on ne songeait en aucune façon à faire un travail de recherches, à donner une étude d'ensemble sur les estampes rappelant le drame de 1850. Ce travail nous a tenté. Nous en publions le canevas, car il n'est pas douteux que les dix planches, mentionnées ci-après, ne constituent point la totalité des compositions dessinées sur le sujet qui nous occupe.

PLANCHE I. — Lithographie anonyme. TH. TARDIF, *delineavit*.

A la page xi de l'avant-propos de son ouvrage, Tardif s'exprime ainsi : « Nous avons confié l'exécution lithographique de notre tableau à deux artistes distingués, parmi ceux de la capitale, mais les résultats de leur travail nous ayant trompé dans notre attente, nous avons dû recourir à un graveur sur acier. »

Il y eut donc, d'après la composition de Tardif, une lithographie, jugée défectueuse, et une planche sur acier.

On pourrait supposer que la pierre lithographique fut détruite, et qu'il n'en existe pas d'épreuves. Il n'en fut pas ainsi. M. Auguste Guillaume, d'Angers, possède depuis un demi-siècle la lithographie en question. Nous comprenons que Tardif l'ait refusée. Par une méprise étrange, le lithographe a baigné sa composition de lumière nocturne. Les habitations qui longent la Maine, le Château, les acteurs du drame sont représentés dans l'ombre. Une sorte de crépuscule ou de clarté lunaire enveloppe tout le tableau. Pour le spectateur mal informé, la catastrophe se serait déroulée la nuit, tandis que l'événement eut lieu à 11 h. 1/2 du matin. Mais, cette réserve faite, la lithographie, anonyme d'ailleurs, que nous

---

[1] Angers, Schmit et Siraudeau, 4 pages de texte et 5 pl. photographiées par M. Verchaly, in-8°.

avons eue entre les mains, notre ami M. Guillaume ayant bien voulu nous la communiquer, est l'exacte reproduction du dessin de Tardif.

Elle mesure, dans les marges : larg., 0m515 ; haut., 0m303. — Avec les marges : larg., 0m540 ; haut., 0m450.

La légende est ainsi conçue :

*Le mardi 16 avril 1850, le pont suspendu de la Basse-Chaîne, à Angers, se rompit sous la charge d'un bataillon du 11° léger, venant de Nantes[1]. 220 victimes trouvèrent la mort dans les flots, les uns noyés, les autres tués par les baïonnettes de leurs camarades, et les derniers écrasés par les débris du pont.*

Une reproduction phototypique de cette lithographie, dans les proportions de la planche originale, fut exécutée en 1900, par les soins de Charaire, imprimeur à Sceaux. Elle porte, dans l'angle de droite, la légende fautive que nous venons de relever, et, en caractères de toute apparence : « Cinquante-naire de la catastrophe du Pont de la Basse-Chaîne, à Angers. » Cette estampe, tirée à grand nombre, et donnée en prime par le *Petit Journal*, n'a que la valeur d'un document.

PLANCHE II. — Gravure sur acier, par Hilaire GUESNU. — Th. TARDIF, *delineavit*.

Cette planche est l'estampe Tardif, sous sa forme définitive. Nous disons plus haut quel est son prix au point de vue de l'exactitude des lieux, et des détails du sauvetage. Nous en donnons une réplique en simili-gravure, trop réduite, en tête de cette étude.

Nous avons dû la communication d'une épreuve de choix de cet excellent document à M. Clavreul, coiffeur, place du Ralliement, à Angers. Son épreuve est de toute finesse[2].

Elle mesure, dans les marges : larg., 0m75 ; haut., 0m41. — Avec les marges : larg , 0m86 ; haut., 0m58.

La légende est ainsi conçue : *11° léger, à Angers. 16 avril 1850. Catastrophe! (11 h. 30).*

Au centre de la marge inférieure, les armes de la Ville, avec

[1] Le bataillon venait de Rennes et non de Nantes.

[2] C'est à notre ami, M. P. Bouic, angevin, professeur honoraire au Lycée David d'Angers, que revient l'honneur de nous avoir signalé l'estampe possédée par M. Clavreul.

une banderole sur laquelle est écrit : *Sous le patronage du Conseil municipal d'Angers*. Par Th. Tardif, ingénieur civil. Hilaire Guesnu, sc. Imprimerie de Drouart, rue de Fouarre, 11, à Paris.

Une héliogravure obtenue chez Dujardin, d'après cette estampe, a pris place dans l'ouvrage de M. J. Bessonneau : *L'Anjou en 1900* (Angers, Germain et G. Grassin, 1900, in-fol., page 20). Elle mesure : long., 0m26 ; haut., 0m15.

PLANCHE III. — Gravure sur bois, anonyme.

Cette planche, éditée par Pellerin, à Epinal, fut l'objet d'un important tirage. Nous ne l'avons pas vue et nous ne pouvons dire sa valeur. M. Pellerin, à qui nous avons demandé communication d'une épreuve de réserve, veut bien nous répondre à la date du 3 février 1903 : « Notre image sur la catastrophe du Pont d'Angers était une gravure sur bois, et le bois a été détruit dans un incendie dont nous avons souffert en 1888. »

PLANCHE IV. — Gravure sur bois, par JANET-LANGE.

Cette estampe a paru dans l'*Illustration*, *journal universel* (n° du 27 avril 1850).

Elle a pour légende : *Écroulement du pont suspendu à Angers*, *pendant le passage du 11ᵉ léger*.

La signature de l'artiste est gravée dans l'angle inférieur de gauche.

La composition est fantaisiste et sans exactitude. L'artiste ne connaît pas le site dans lequel se déroule le drame conçu par son imagination.

L'estampe mesure, dans les marges : larg., 0m23 ; haut., 0m18[1].

PLANCHE V. — Gravure sur bois, par JANET-LANGE.

Cette estampe, insérée en 1864 dans *Histoire populaire contemporaine de la France* (tome I, p. 204) n'est qu'une réduction de la précédente, quant à la composition.

Elle a pour légende : *Catastrophe du Pont d'Angers* (*16 avril 1850*).

---

[1] C'est encore à l'obligeance d'un ami, M. François Chauvat, angevin, que nous devons d'avoir connu cette estampe.

La signature de l'artiste est gravée dans l'angle inférieur de gauche.

L'estampe mesure, dans les marges : larg., 0m20 ; haut., 0m15.

PLANCHE VI. — Lithographie coloriée anonyme.

Légende : *La Catastrophe d'Angers.*
Dimensions : larg., 0m28 ; haut., 0m19
Paris, chez Riboni et Cᵉ, rue Galande, 51. — Lithographie Chenu, 26, place Maubert, à Paris.
Collection Gontard de Launay, à Angers.

PLANCHE VII. — Lithographie noire, anonyme.

Légende : *Catastrophe du Pont d'Angers.*
Dimensions : larg., 0m30 ; haut., 0m19.
Casse frères, à Saint-Gaudens ; à Paris, chez A. Bes et F. Dubreuil, impr. édit., rue Gît-le-Cœur, 11 (déposé).
Collection Gontard de Launay, à Angers.

PLANCHE VIII. — Lithographie noire, par H. JANNIN.

Légende : *Catastrophe du Pont d'Angers.*
Dimensions, dans la marge : larg., 0m64 ; haut., 0m48. — Avec la marge : larg., 0m758 ; haut., 0m57.
Paris, chez Codoni, rue Grenetal, 18.
Collection Gontard de Launay, à Angers.

PLANCHE IX. — Lithographie anonyme.

Légende : *La Catastrophe d'Angers, le 16 avril 1850. Honneur à la population d'Angers qui, dans cet affreux malheur, a montré tant de générosité, de courage, de grandeur d'âme et de désintéressement dans cette malheureuse catastrophe.*
Dimensions, dans les marges : larg., 0m28 ; haut., 0m19. — Avec les marges : larg., 0m46 ; haut., 0m31.
Paris, chez Codoni frères, ancienne rue Saint-Jacques, 7. — Lithographie Vayron, rue Galande, 51, Paris.
Collection J. Godron, à Angers.

PLANCHE X. — Lithographie, par Jean MARCHAND, d'après un dessin aux deux crayons.

Légende, dans le terrain : *Angers, 16 avril 1850.*

Dimensions sans les marges, qui ont été enlevées :
long., 0m36 ; haut., 0m23.

On voit au centre, au premier plan, deux bateaux ; à droite,
deux femmes portant des perches ; à gauche, un homme portant également des perches ; au second plan, un bateau à
vapeur et des bateaux à voiles.

M. Godron nous écrit au sujet de cette composition, de bon
aspect, mais fantaisiste : « Ce qui permet d'attribuer cette
œuvre à J. Marchand, c'est une mention manuscrite tracée
au verso de mon épreuve, par un illettré. Elle est ainsi conçue :
« Ça été fait par Marchand, peintre à Angers, et cette épreuve
« a été corrigée par lui. Jehan Marchand *del. et lith.* Imprimerie
« Lemercier, à Paris. »

L'épreuve étant émargée, il se peut que ce texte ne soit que
la reproduction malhabile d'indications portées sur la marge
originale.

Collection J. Godron, à Angers.


## IX. Le Monument de M. Jules Déchin
d'après David d'Angers (1902)


Un soir de mai 1902, nous vîmes entrer dans notre
cabinet le sculpteur Jules Déchin, accompagné de sa jeune
femme. L'artiste rentrait d'Italie où il avait passé quatre
années, à titre de lauréat de la fondation Wicar. Pour ceux
de nos lecteurs qui ne sauraient pas ce qu'est au juste
cette fondation, disons que c'est une institution similaire de
celle du prix de Rome, avec cette réserve que seuls peuvent
y prétendre des artistes lillois. Carolus Duran fut le premier bénéficiaire des arrérages du legs fait par Wicar à sa
ville natale. Jules Déchin est de Lille.

A son retour de Rome, l'artiste était précédé par la répu-
tation que lui avait conquise sa statue de Jeanne d'Arc,
pour la ville de Chinon, marbre élégant et sévère, au sujet
duquel un angevin d'adoption, M. A. du Rétail, actuelle-
ment élève à l'École des Chartes, a composé des stances

d'une psychologie pénétrante et d'un sentiment exquis. Les artistes, le jury du Salon savaient gré aussi à Jules Déchin de la délicate pensée qui l'avait déterminé à sculpter la statue de Wicar, dont il s'estimait l'obligé. Le *Wicar* a pris place au musée de Lille.

Au moment où le sculpteur entra, une photographie du croquis de David d'Angers, découvert chez Léon Cosnier, se trouvait sur notre table. Jules Déchin parut frappé du caractère de la composition. Il nous demanda l'épreuve qu'il emporta.

D'importants travaux l'occupèrent et le dessin de David paraissait oublié par lui. Nous avions le droit de penser qu'il n'y attachait aucune importance. Quelle ne fut pas notre surprise, il y a quelques semaines, de trouver dans son atelier un monument étudié, complètement achevé, d'après le croquis de David d'Angers. Avec une déférence, un oubli de soi qu'aucun architecte peut-être n'eût pratiqués dans une aussi large mesure, Jules Déchin s'était fait le traducteur habile, mais fidèle, de la pensée du maître angevin. Dans sa lettre à Cosnier, David nomme l'architecte Edouard Moll, leur ami commun. C'est lui qu'il désigne pour donner la forme arrêtée, les proportions logiques aux diverses parties de sa composition à peine esquissée. Edouard Moll, mort aujourd'hui, n'eût pas mieux fait que Jules Déchin. Son monument, au 12°, donnera deux mètres de face à la base et une hauteur de sept mètres à la lance du drapeau. Le bas-relief, en « gravure égyptienne » — c'est David qui l'a demandé — les trépieds en bronze, avec flamme dorée, le drapeau du 11° léger, en bronze, accosté d'une palme avec des rehauts d'or, rien n'est omis de ce que David a entrevu et souhaité. Une grille en bronze entoure le monument et le protège. Mais où Jules Déchin ajoute à la pensée de David, c'est dans la décoration des parois latérales et de la face postérieure. Il a voulu qu'elles fussent ornées et

## AUX SOLDATS DU 11ᴱ LÉGER

MORTS LE 16 AVRIL 1850

Monument par M. Jules Déchin, d'après le croquis de David d'Angers

que leur décor revêtit toute éloquence. A quelle parure le
jeune artiste s'est-il résolu? A la seule parure rationnelle
et glorieuse. Il a voulu que les noms des 222 victimes,
profondément tracés dans le granit, offrissent aux regards
de tous leur dénombrement douloureux. L'enfant, le
vieillard pourront épeler à loisir cette page tragique. Les
étrangers retrouveront peut-être dans cette nomenclature,
où le plus modeste soldat a sa place, le nom d'un ami ou
d'un proche.

Puis-je omettre moi-même de relever ces inscriptions?
Je me priverais d'une joie. Parler des disparus, c'est leur
rendre la vie, la jeunesse, l'élan, le sourire qui nous sédui-
saient en eux. Victor Hugo, dans *Oceano nox* a dit :

> Le corps se perd dans l'eau, le nom dans la mémoire.

Jules Déchin tient à donner au poète un démenti.

Sur la face principale du tombeau, qui affecte la forme
d'un autel antique, au-dessus du bas-relief rappelant le
drame, est écrit :

AUX

222 SOLDATS

DU

11ᵉ LÉGER

MORTS

LE 16 AVRIL 1850

La face droite de l'autel porte :

**Capitaine**
DORRÉ

**Lieutenants**
COTTREZ
FORGUES

**Sous-lieutenants**
CARETTE
LE BRIC

Face gauche :

**Sergents-majors**

DESPREZ

JEANMICHEL

**Sergents**

BOUCHEROT

DUBOILLE

HATIER

HAUDIDIER

Face postérieure :

**Sergents**

GUILLOT

LEMONNIER

PINON

RETOR

STENGEL

STOCKER

VAUTHIER

Ces inscriptions forment en quelque sorte le frontispice du livre d'or dont les pages interminables, mais attachantes, se déroulent sur le soubassement.

Épelons ces pages.

Face droite du soubassement :

| **Caporaux** | **Caporaux** |
| --- | --- |
| ANDRÉ. | DUCROCQ. |
| BARBIER. | GUINOYS. |
| BESNIER. | LECHALLIER. |
| BROCHET. | LEMOY. |
| CHARDEL. | LEZÉ[1]. |
| DELAPLACE. | LIERMANN. |

[1] Lezé a trouvé la mort dans des circonstances particulièrement tragiques. Fils unique d'un adjudant de l'École des Arts et Métiers d'Angers, il était caporal dans le 11º léger et chef du bureau du trésorier. « Ce jeune homme, écrit Tardif, avait obtenu la permission de venir à Angers avec le premier bataillon, quoiqu'il appartînt au troisième. Au passage de celui-ci sur le boulevard, malgré les

| Caporaux | Soldats |
|---|---|
| Maitrepierre. | Brabant. |
| Michel. | Bréant. |
| Nivoy. | Briant. |
| Ordo. | Bruland. |
| Perrier. | Brullé. |
| Rancès[1]. | Capron. |
| Riballier-Descles. | Cariot. |
| Schroeder. | Caulet. |
| Thauvel. | Cesbron. |
| Vuillemin. | Chanteraud. |
| **Soldats** | Chapron. |
| Allais. | Charrière. |
| Alos. | Chavegrand. |
| Argillet. | Choin. |
| Artique. | Clemenson. |
| Balleur. | Clementz. |
| Baraché. | Colin. |
| Baron. | Collinet. |
| Bertrand. | Coquelin. |
| Betrancourt. | Crispin. |
| Bié. | Déau. |
| Bily (Marc). | Degoulet. |
| Bily (Pierre). | Delaye. |
| Bouchaud. | Deliou. |
| Boulanger. | Deluche. |
| Bourdais. | Deraedt. |
| Boussardon. | Deshayes. |
| Bouvet. | Dubois. |

instances de son père, il ne put résister au plaisir de voir ses camarades. Il entra sur le pont, donnant le bras à l'un de ses amis, sergent dans la première compagnie; tous les deux ont été engloutis dans l'abîme. » (*Op. cit.*, p. 30.)

[1] Rancès faillit entraîner la mort de l'un de ses proches, ouvrier jardinier à Angers. « Celui-ci, s'étant rendu au devant du bataillon, reconnaît son frère qui marchait dans le rang. Il se joint au peloton et entre sur le pont sans songer à acquitter le prix de son passage. Rappelé par le préposé au péage, il revient sur ses pas et cette circonstance lui sauve la vie. Au moment où il se retourne pour rejoindre son frère, il le voit plonger dans l'abîme. » (*Op. cit.*, p. 30.)

Face gauche du soubassement :

| Soldats | Soldats |
| --- | --- |
| ÉLIARD. | HERVÉ, |
| ÉTÈVE. | HONBIGAND. |
| ÉVRARD. | JACQUET (Dominique). |
| FABRY. | JACQUET (Alexandre). |
| FAVRE. | JANIN. |
| FLEURY. | JÉCHONIAS. |
| FOREST. | JONNIÈRE. |
| FRIEZ. | JOUENNE. |
| FROMION. | JULIO. |
| GABILLARD. | JULLY. |
| GABLE. | KBART. |
| GAILLARD. | LAFARGUE. |
| GALET. | LANON. |
| GANNE. | LA RALUE. |
| GELLAS. | LAUNAY. |
| GENET. | LAVENANT. |
| GENEZ. | LAVENU. |
| GENTY. | LEBRAS. |
| GERSPACH. | LEBRIC. |
| GIRAUD. | LEBRUN. |
| GOUBLER. | LECLERC. |
| GOUPIL. | LECUTIER. |
| GRÉGOIRE. | LEDERF. |
| GUÉDEU. | LEDUC. |
| GUÉGUEN. | LEFEUVRE. |
| GUÉRY. | LEGRAND (Romain). |
| GUICHETEAU. | LEGRAND (Victor). |
| GUILLET. | LEGRAND (Clovis). |
| GUILLOT. | LEMAIRE. |
| GUYON. | LE PELLETIER. |
| HAMON. | LEPOLODEC. |
| HARDY. | LEPORT. |
| HARVAINCOURT. | LE RENARD. |
| HÉRAULT. | LEVÊQUE. |

Face postérieure :

<table>
<tr><td align="center">Soldats</td><td align="center">Soldats</td></tr>
<tr><td>LINGLARD.</td><td>POTIER.</td></tr>
<tr><td>LOCHECUL.</td><td>POUTOT.</td></tr>
<tr><td>LOISEL.</td><td>PUJO.</td></tr>
<tr><td>LOOS.</td><td>PULLIAT.</td></tr>
<tr><td>LOOTEN.</td><td>RATTEZ.</td></tr>
<tr><td>MACADRÉ.</td><td>RENOT.</td></tr>
<tr><td>MALGORN.</td><td>RESCH.</td></tr>
<tr><td>MARIENNE.</td><td>REYX.</td></tr>
<tr><td>MAROT.</td><td>RICHY.</td></tr>
<tr><td>MARQUIS.</td><td>RINFRID.</td></tr>
<tr><td>MARTIN (J.-F.).</td><td>ROBI.</td></tr>
<tr><td>MARTIN (J.-M.).</td><td>ROELAND.</td></tr>
<tr><td>MARTIN (P.-J.).</td><td>ROUELLEC.</td></tr>
<tr><td>MESNAGER.</td><td>SCHAECK.</td></tr>
<tr><td>MEUDIC.</td><td>SCHULLER.</td></tr>
<tr><td>MICHEL.</td><td>SÈVE.</td></tr>
<tr><td>MOAL.</td><td>SIGAS.</td></tr>
<tr><td>MOISAN.</td><td>SOUCHON.</td></tr>
<tr><td>MOUTARDE.</td><td>SULPICE.</td></tr>
<tr><td>MUNIO.</td><td>TABARD.</td></tr>
<tr><td>NEZ.</td><td>TERLEYN.</td></tr>
<tr><td>NOYER.</td><td>TIGER.</td></tr>
<tr><td>NOZO.</td><td>TORAVAL.</td></tr>
<tr><td>OLLIVIER.</td><td>TOURA.</td></tr>
<tr><td>OMNÈS.</td><td>TOURNEUX.</td></tr>
<tr><td>PACQUET.</td><td>TURBAN.</td></tr>
<tr><td>PALLIER.</td><td>VACHET.</td></tr>
<tr><td>PÉLISSIER.</td><td>VANWALSCAPEL.</td></tr>
<tr><td>PELLETIER.</td><td>VAUTIER.</td></tr>
<tr><td>PELOILLE.</td><td>VERMEULEN.</td></tr>
<tr><td>PEYROT.</td><td>VEYRIER.</td></tr>
<tr><td>PIAU.</td><td>VIAUD (Pierre).</td></tr>
<tr><td>PIN.</td><td>VIAUD (Pierre).</td></tr>
<tr><td>PORCHER.</td><td>VITRAND.</td></tr>
<tr><td></td><td>ZINCK.</td></tr>
</table>

Cette lecture achevée, je me tournai vers le sculpteur et lui demandai s'il avait prévu les frais d'exécution. A ce moment, entra dans l'atelier un angevin, M. de Momigny, représentant principal du service artistique des établissements métallurgiques A. Durenne. Il apportait à Jules Déchin le devis de la fonte des trépieds, du drapeau, de la palme qui l'accompagne, de la grille servant de clôture, le tout en bronze. D'autre part, Jules Déchin nous remit un cahier couvert de chiffres. C'était le devis de la fourniture, de la taille, du transport, de la pose du monument, en pierre de Souppes, ou granit de Château-Landon.

Nous nous trouvions en présence d'une conspiration de l'art et du patriotisme le plus pur, le plus touchant, puisqu'il a pour objet d'honorer de chères mémoires.

Nous n'avions plus qu'à prendre notre plume et à tracer les pages qui précèdent.

Ainsi fut fait.


Et maintenant, au lecteur de conclure.

Convient-il de laisser irréalisé le projet conçu en 1850 par deux Angevins, Pierre-Jean David et Léon Cosnier? Après l'édification de la Tombe militaire du cimetière de l'Est, sur l'initiative de Guillier de la Tousche, après la *Relation* écrite et l'*Estampe* authentique de Tardif, après la publication des *Souvenirs militaires* du colonel Duban, survivant de la catastrophe, après la pose de la Table lapidaire du nouveau pont, sur la proposition de M. Proust, après la célébration du cinquantième Anniversaire de l'événement, par les soins du *Souvenir Français*, après l'Iconographie du drame, par M. Gontard de Launay, autant de manifestations généreuses, qui honorent des individualités ou des groupes, ne convient-il pas de donner pour dernier anneau, à cette chaîne ininterrompue de commémorations, le Monument de Jules Déchin, d'après David d'Angers?

A la Ville, à l'Anjou, que dis-je, l'Anjou...? est-ce que, parmi les victimes, il n'en est pas, et en grand nombre, dont les berceaux doivent être cherchés dans toutes les provinces? Ce n'est donc pas seulement à l'Anjou, mais à la France de répondre!

# TABLE

DES NOMS CITÉS DANS CETTE ÉTUDE

Angers, imp. Germain et G. Grassin. — 559-3.